本書の特色と使い方

4段階のステップ学習で、豊かな学力が形成されます。

「音読」「なぞり書き」「書き写し」「暗唱」の4段階のシートで教科書教材を深く理解でき、ゆっくり学んでいくうちに、豊かな学力が形成されます。

ゆっくりていねいに、段階を追った学習ができます。

問題量を少なくした、ゆったりとした紙面構成で、読み書きが苦手な子どもでも、ゆっくりていねいに、段階を追って学習することができます。また、漢字が苦手な子どもでも、学習意欲が減退しないように、問題文の全てにかな文字を記載しています。

光村図書・東京書籍・教育出版の国語教科書から抜粋した詩・物語・説明文教材の問題などを掲載しています。

教科書掲載教材を使用して、授業の進度に合わせて予習・復習ができます。三社の優れた教科書教材を掲載しておりますので、ぜひご活用ください。

どの子も理解できるよう、お手本や例文を記載しています。

問題の考え方や答えの書き方の理解を補助するものとして、はじめに、なぞり書きのできるグレー文字のお手本があります。また、文作りでは例文も記載しています。

あたたかみのあるイラストで、文作りの場面理解を支援しています。

わかりやすいイラストで、文章の理解を深めます。生活の場面をイラストにして、そのイラストに言葉をそえています。イラストにそえられた言葉を手がかりに、子ども自らが文を作れるように配慮してあります。また、イラストの色塗りなども楽しめます。

援教育の専門の先生の指導をもとに、本書を作成しています。

教科書の内容や構成を研究し、小学校の特別支援学級や支援教育担当の先生方、専門の研究者の先生方のアドバイスをもとに問題を作成しています。

ークシートの解答例について（お家の方や先生方へ）

本書の解答は、あくまでもひとつの「解答例」です。お子さまに取り組ませる前に、必ず指導される方が問題を解いてください。指導される方の作られた解答をもとに、お子さまの多様な考えに寄り添って〇つけをお願いします。

もっとゆっくりていねいに学べる　**作文ワーク基礎編**

（光村図書・東京書籍・教育出版の教科書教材より抜粋）

6―① 目次

書《か》き写《うつ》し・音《おん》読《どく》・暗《あん》唱《しょう》

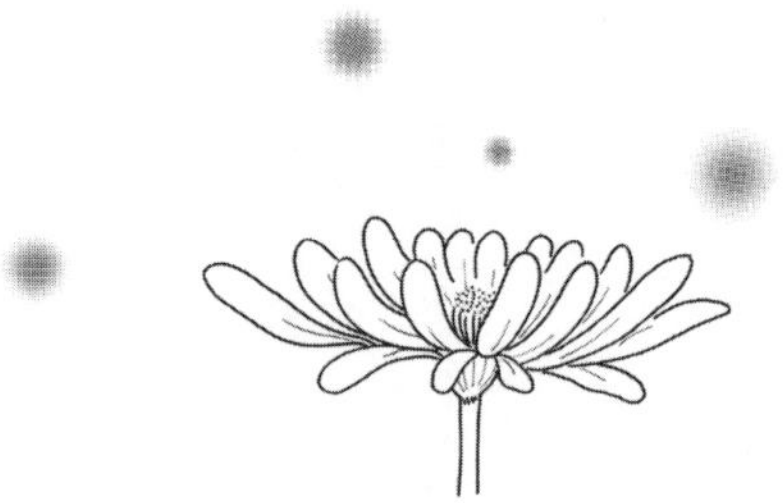

文《ぶん》作《づく》り

書き写し・音読・暗唱　シートの見分け方

…音読・なぞり書き
…音読・書き写し
…音読・覚える・なぞり書き
…暗唱・覚えて書く

創造《そうぞう》 ①

名前

詩《し》を音読《おんどく》してから、書《か》き写《うつ》しましょう。

一《いち》まいの紙《かみ》から、
船《ふね》が生《う》まれる。
飛《ひ》行《こう》機《き》が生《う》まれる。
ひとかたまりの
ねん土《ど》から、

★書《か》き終《お》わったら、もう一度《いちど》、音読《おんどく》しましょう。

（令和二年度版　光村図書　国語　六　創造　羽曽部　忠）

創造《そうぞう》 ②

名前

詩《し》を音読《おんどく》してから、書《か》き写《うつ》しましょう。

象《ぞう》が生《う》まれる。
つぼが生《う》まれる。
生《う》まれる、生《う》まれる。
わたしたちの
手《て》から次々《つぎつぎ》と。

★書《か》き終《お》わったら、もう一度《いちど》、音読《おんどく》しましょう。

（令和二年度版　光村図書　国語　六　創造　羽曽部　忠）

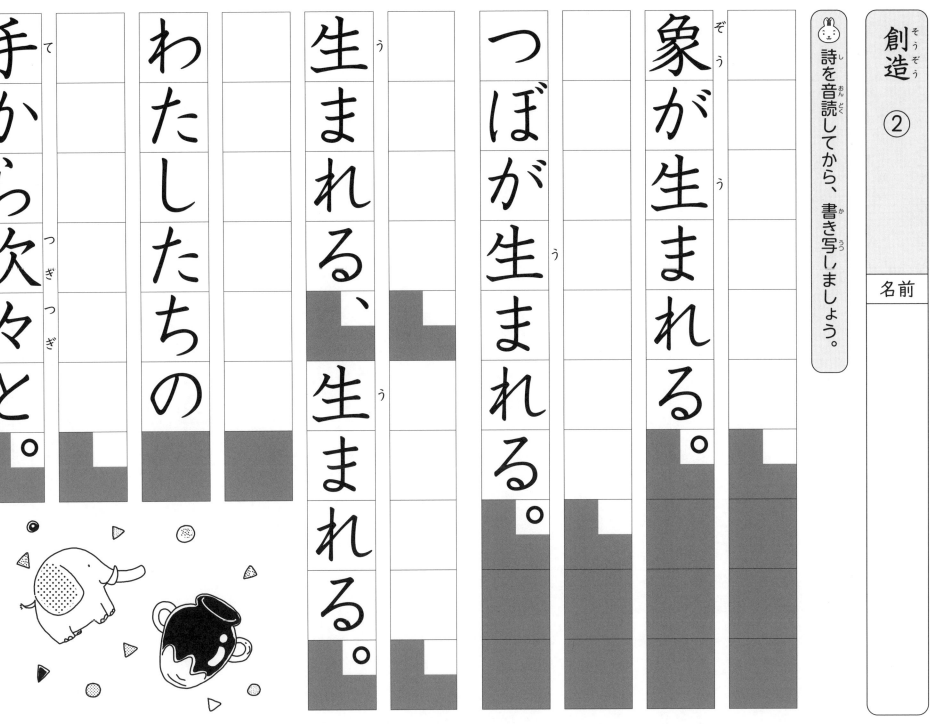

創造《そうぞう》 ③

名前

詩《し》を音読《おんどく》して、覚《おぼ》えましょう。また、詩《し》を書《か》きましょう。

一《いち》まいの紙《かみ》から、
船《ふね》が生《う》まれる。
飛行機《ひこうき》が生《う》まれる。
ひとかたまりの
ねん土《ど》から、
象《ぞう》が生《う》まれる。
つぼが生《う》まれる。
生《う》まれる、生《う》まれる。
わたしたちの
手《て》から次々《つぎつぎ》と。

★書《か》き終《お》わったら、もう一度《いちど》、音読《おんどく》しましょう。

（令和二年度版　光村図書　国語　六　創造　羽曽部　忠）

創造《そうぞう》 ④

名前

詩《し》を暗唱《あんしょう》しましょう。覚《おぼ》えたら書《か》きましょう。

一《いち》　紙《かみ》

船《ふね》　生《う》

飛《ひこうき》　生《う》

ひ　か

ね　《ど》

象《ぞう》　生《う》

つ　生《う》

生《う》　生《う》

わ

手《て》　次《つぎ》

★書《か》き終《お》わったら、もう一度《いちど》、音読《おんどく》しましょう。

（令和二年度版　光村図書　国語　六　創造　羽曽部　忠）

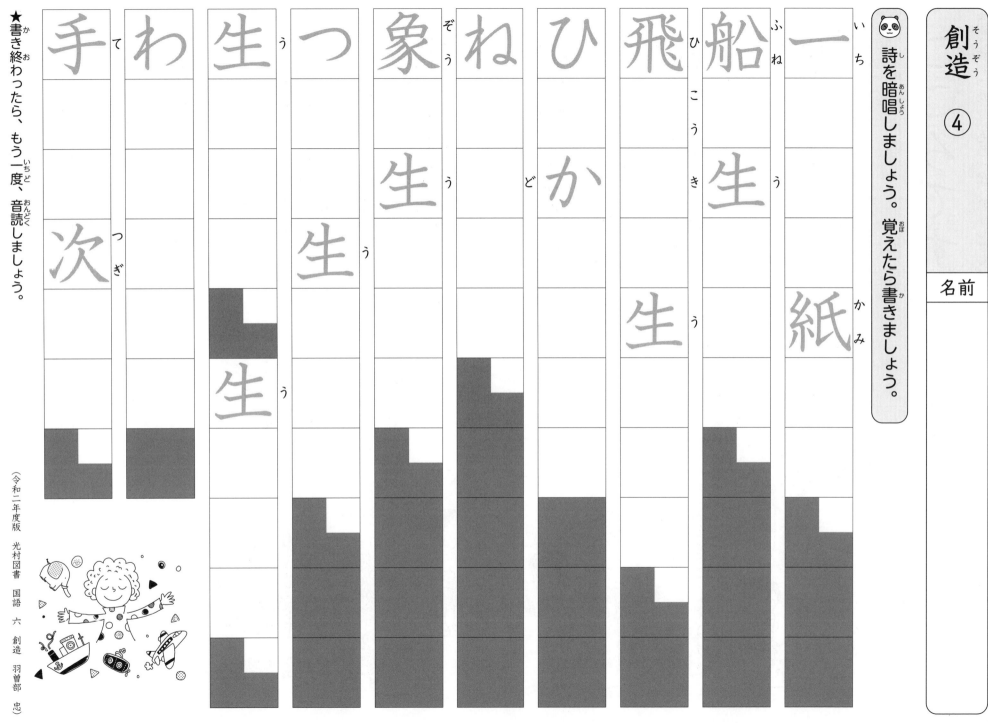

いのち ①

名前

詩《し》を音読《おんどく》してから、書《か》き写《うつ》しましょう。

いのち　小海《こかい》　永二《えいじ》

花《はな》です
虫《むし》です
からだです
鳥《とり》です
草《くさ》です
こころです

★書《か》き終《お》わったら、もう一度《いちど》、音読《おんどく》しましょう。

（令和二年度版　東京書籍　新しい国語　六　小海　永二）

いのち　②

名前

詩《し》を音読《おんどく》してから、書《か》き写《うつ》しましょう。

それらはみんないのちです
いのちは
どれも
ひとつです

いのちのふるさと
地球《ちきゅう》もひとつ

★書《か》き終《お》わったら、もう一度《いちど》、音読《おんどく》しましょう。

（令和二年度版　東京書籍　新しい国語　六　小海　永二）

いのち ③

名前

詩《し》を音読《おんどく》してから、書《か》き写《うつ》しましょう。

風《かぜ》が吹《ふ》き
雲《くも》の流《なが》れる地球《ちきゅう》のうえに
要《い》らないものなど
ありません
互《たが》いに支《ささ》えているんです

★書《か》き終《お》わったら、もう一度《いちど》、音読《おんどく》しましょう。

（令和二年度版　東京書籍　新しい国語　六　小海　永二）

いのち ④

名前

詩《し》を音読《おんどく》してから、書《か》き写《うつ》しましょう。

見《み》えない手《て》を出《だ》し

声《こえ》を出《だ》し

互

互《たが》いに支《ささ》えているんです

どれもひとつで

どれにもひとつ

全部《ぜんぶ》が大事《だいじ》ないのちです

★書《か》き終《お》わったら、もう一度《いちど》、音読《おんどく》しましょう。

（令和二年度版　東京書籍　新しい国語　六　小海　永二）

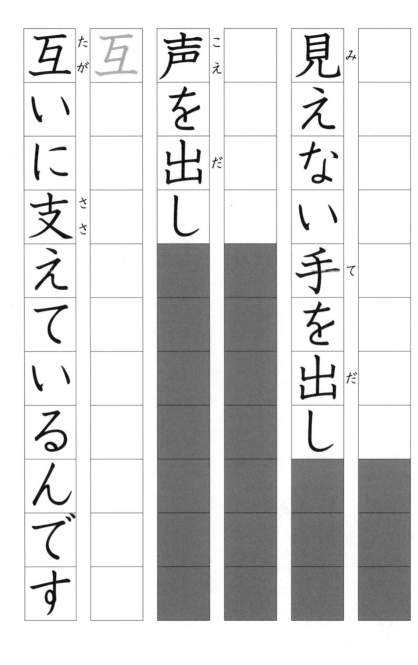

いのち ⑤

名前

詩《し》を音読《おんどく》して、覚《おぼ》えましょう。また、詩《し》を書《か》きましょう。

いのち

小海《こかい》 永二《えいじ》

花《はな》です
虫《むし》です
からだです
鳥《とり》です
草《くさ》です
こころです
それらはみんないのちです
いのちは
どれも
ひとつです
いのちのふるさと
地球《ちきゅう》もひとつ

★書《か》き終《お》わったら、もう一度《いちど》、音読《おんどく》しましょう。

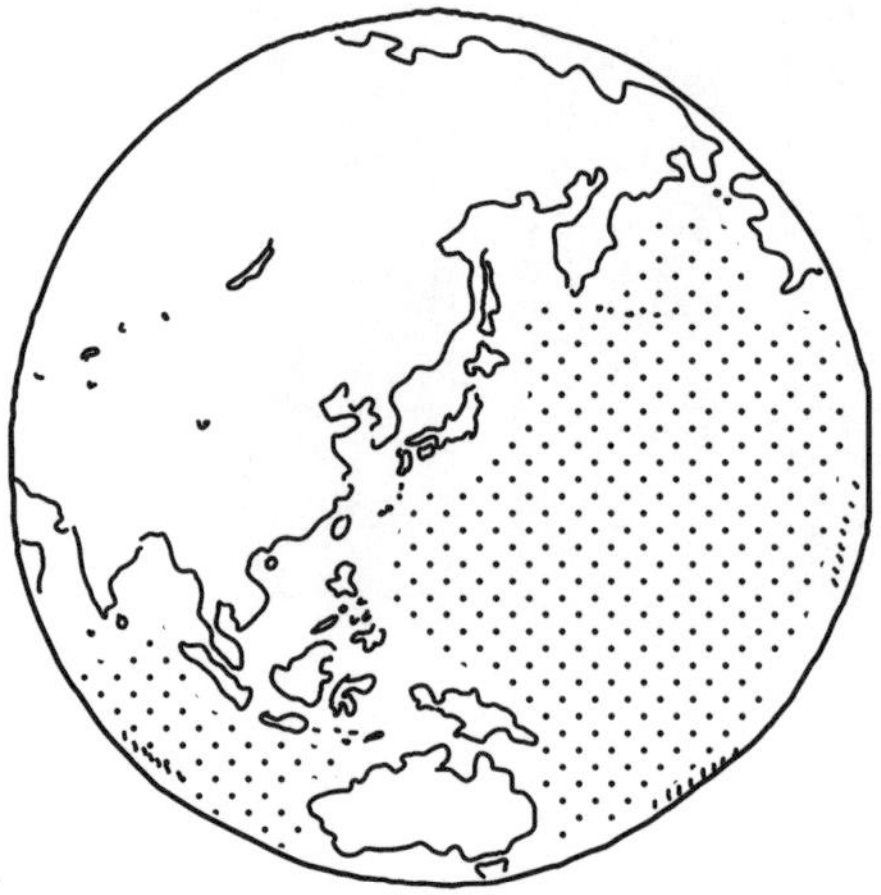

（令和二年度版　東京書籍　新しい国語　六　小海　永二）

いのち ⑥

名前

詩《し》を暗唱《あんしょう》しましょう。覚《おぼ》えたら書《か》きましょう。

いのち

小海《こかい》　永二《えいじ》

花《はな》
虫《むし》
か
鳥《とり》
草《くさ》
こ
そ　み　い
い
ど
ひ
い　ふ
地《ちきゅう》　ひ

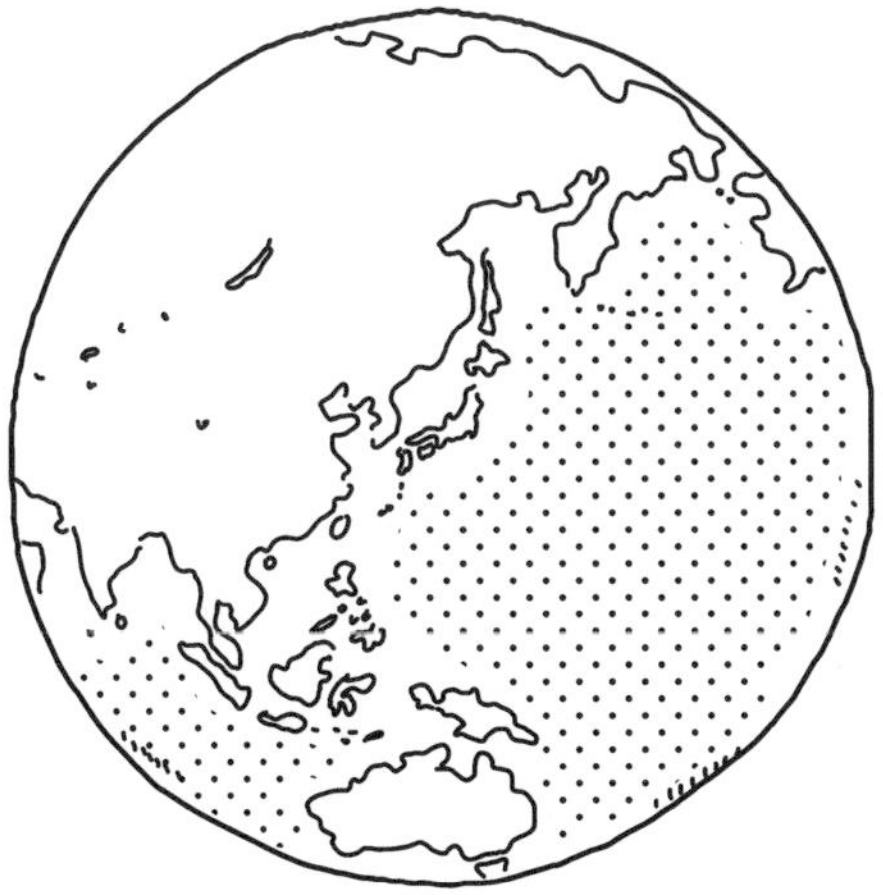

★書《か》き終《お》わったら、もう一度《いちど》、音読《おんどく》しましょう。

（令和二年度版　東京書籍　新しい国語　六　小海　永二）

いのち ⑦

名前

詩《し》を音読《おんどく》して、覚《おぼ》えましょう。また、詩《し》を書《か》きましょう。

風《かぜ》が吹《ふ》き
雲《くも》の流《なが》れる地球《ちきゅう》のうえに
要《い》らないものなど
ありません
互《たが》いに支《ささ》えているんです
見《み》えない手《て》を出《だ》し
声《こえ》を出《だ》し
互《たが》いに支《ささ》えているんです
どれもひとつで
どれにもひとつ
全部《ぜんぶ》が大事《だいじ》ないのちです

★書《か》き終《お》わったら、もう一度《いちど》、音読《おんどく》しましょう。

（令和二年度版　東京書籍　新しい国語　六　小海　永二）

いのち ⑧

名前

詩《し》を暗唱《あんしょう》しましょう。覚《おぼ》えたら書《か》きましょう。

風《かぜ》　吹《ふ》
雲《くも》　流《なが》　地《ち》（きゅう）　う
要《い》　も
あ
互《たが》　支《ささ》
見《み》　手《て》　出《だ》
声《こえ》　出《だ》
互《たが》　支《ささ》
ど　ひ
ど　ひ　ひ
全《ぜん》（ぶ）　大《だい》（じ）　い

★書《か》き終《お》わったら、もう一度《いちど》、音読《おんどく》しましょう。

（令和二年度版　東京書籍　新しい国語　六　小海　永二）

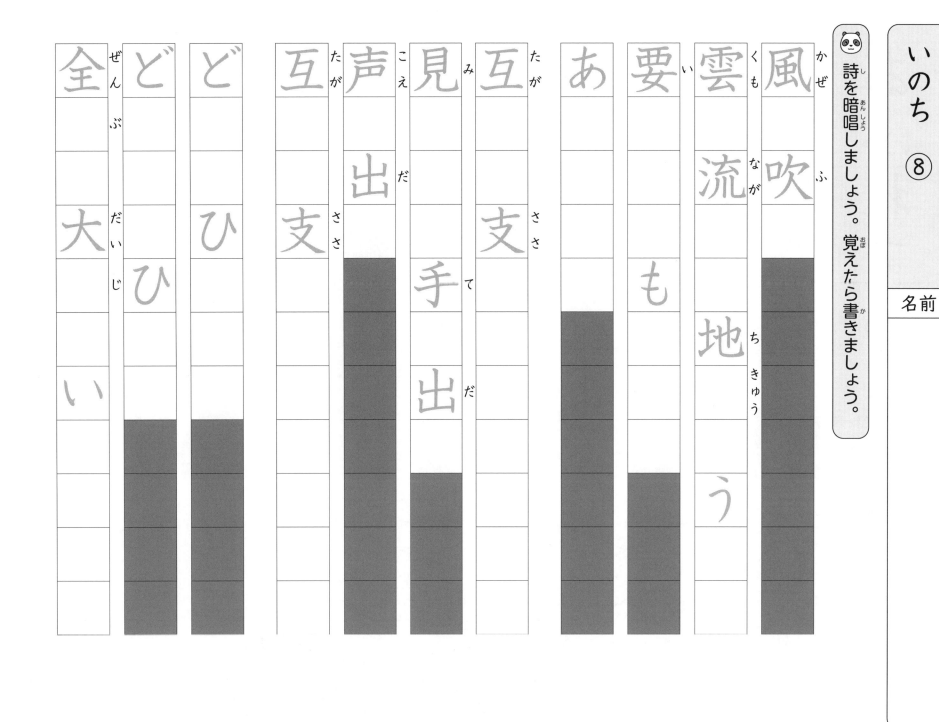

春《はる》の河《かわ》 ①

名前

詩《し》を音読《おんどく》してから、書《か》き写《うつ》しましょう。

春《はる》の河《かわ》

山村《やまむら》 暮鳥《ぼちょう》

たっぷり（たっぷり）と
春《はる》は
小《ちい》さな川々《かわがわ》まで
あふれてゐる（い）
あふれてゐる（い）

★書《か》き終《お》わったら、もう一度《いちど》、音読《おんどく》しましょう。

（令和二年度版　光村図書　国語　六　創造　山村　暮鳥）

春《はる》の河《かわ》 ②

名前

詩《し》を音読《おんどく》して、覚《おぼ》えましょう。また、詩《し》を書《か》きましょう。

春《はる》の河《かわ》

山村《やまむら》 暮鳥《ぼちょう》

たつぷり（たっぷり）と
春《はる》は
小《ちい》さな川々《かわがわ》まで
あふれてゐ（い）る
あふれてゐ（い）る

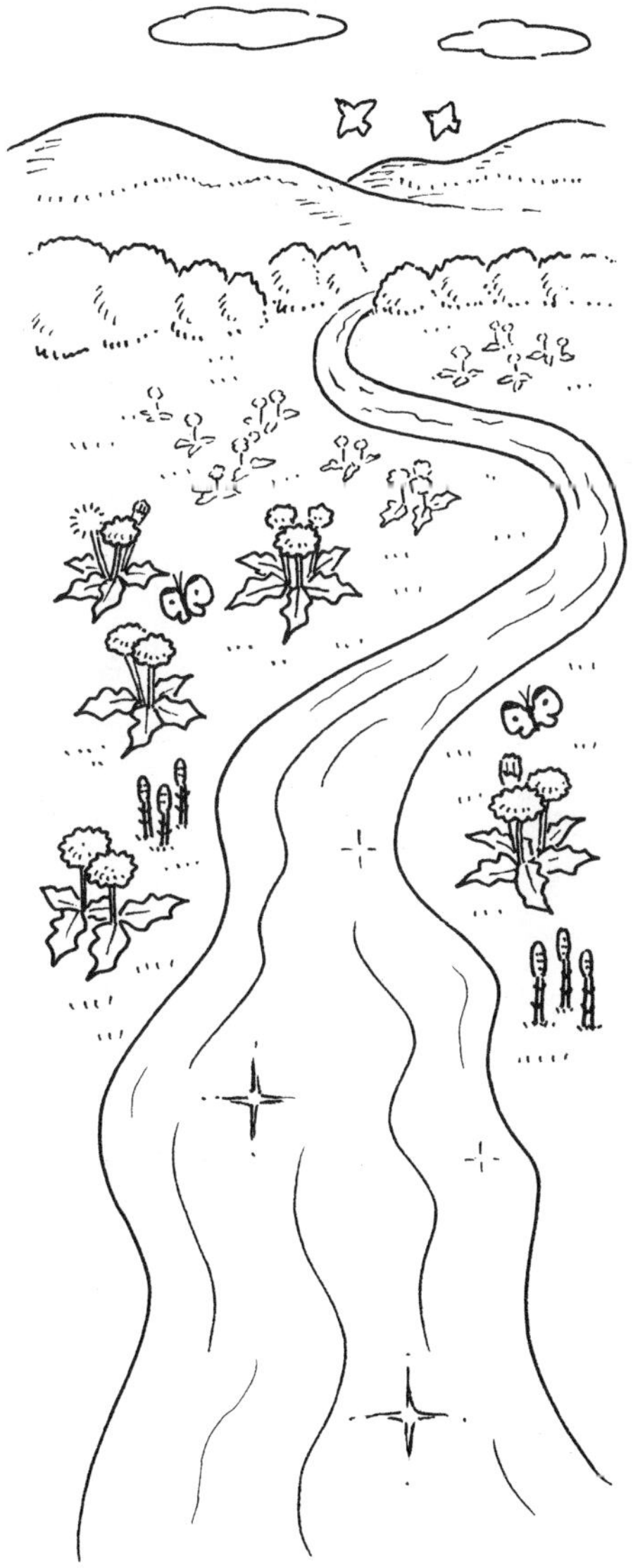

★書《か》き終《お》わったら、もう一度《いちど》、音読《おんどく》しましょう。

（令和二年度版　光村図書　国語　六　創造　山村　暮鳥）

春《はる》の河《かわ》 ③

名前

詩《し》を暗唱《あんしょう》しましょう。覚《おぼ》えたら書《か》きましょう。

春《はる》の河《かわ》

山村《やまむら》 暮鳥《ぼちょう》

（たっぷり）
たつ
春《はる》
小《ちい》川《かわ》 かわがわ
あゐ（い）
あゐ（い）

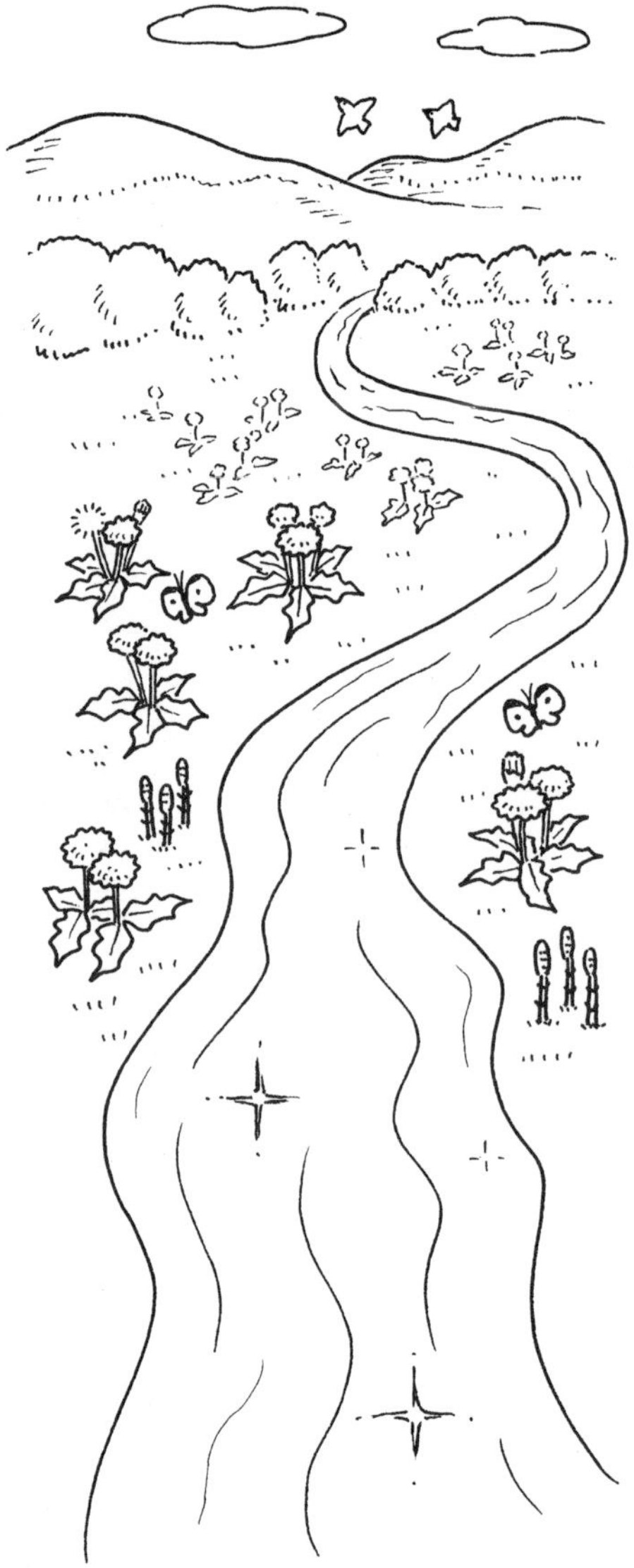

★書《か》き終《お》わったら、もう一度《いちど》、音読《おんどく》しましょう。

（令和二年度版　光村図書　国語　六　創造　山村　暮鳥）

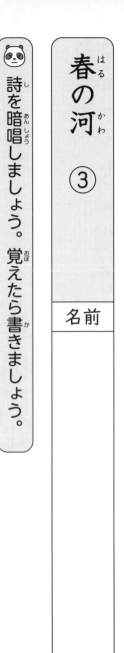

小景異情《しょうけいいじょう》 ①

名前

詩《し》を音読《おんどく》してから、書《か》き写《うつ》しましょう。

小景異情《しょうけいいじょう》

室生《むろう》　犀星《さいせい》

あんずよ
花着《はなつ》け
地《ち》ぞ早《はや》やに輝《かが》やけ
輝
あんずよ花着《はなつ》け
あんずよ燃《も》えよ

★書《か》き終《お》わったら、もう一度《いちど》、音読《おんどく》しましょう。

（令和二年度版　光村図書　国語　六　創造　室生　犀星）

小景異情《しょうけいいじょう》 ②

名前

詩《し》を音読《おんどく》して、覚《おぼ》えましょう。また、詩《し》を書《か》きましょう。

小景異情《しょうけいいじょう》

室生《むろう》　犀星《さいせい》

あんずよ
花着《はなつ》け
地《ち》ぞ早《はや》やに輝《かが》やけ
あんずよ花着《はなつ》け
あんずよ燃《も》えよ

★書《か》き終《お》わったら、もう一度《いちど》、音読《おんどく》しましょう。

（令和二年度版　光村図書　国語　六　創造　室生　犀星）

小景異情《しょうけいいじょう》 ③

名前

詩《し》を暗唱《あんしょう》しましょう。覚《おぼ》えたら書《か》きましょう。

小景異情《しょうけいいじょう》

室生《むろう》 犀星《さいせい》

あ

花《はな》 つ

地《ち》 早《は》 輝《かが》

あ 花《はな》 つ

あ 燃《も》

★書《か》き終《お》わったら、もう一度《いちど》、音読《おんどく》しましょう。

（令和二年度版 光村図書 国語 六 創造 室生 犀星）

春《はる》のいぶき ①

名前

文章《ぶんしょう》を音読《おんどく》してから、書《か》き写《うつ》しましょう。

立春《りっしゅん》

立春《りっしゅん》

こよみのうえで、春《はる》が始《はじ》まる日《ひ》。まだ寒《さむ》さはきびしいが、だんだん日《ひ》がのび、木々《きぎ》が芽《め》ぶいてくる。

★書《か》き終《お》わったら、もう一度《いちど》、音読《おんどく》しましょう。

（令和二年度版　光村図書　国語　六　創造　季節の言葉１「春のいぶき」による）

春《はる》のいぶき ②

名前

文章《ぶんしょう》を音読《おんどく》してから、書《か》き写《うつ》しましょう。

雨《う》水《すい》

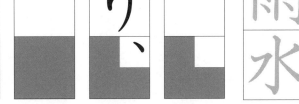

降《ふ》る雪《ゆき》が雨《あめ》に変《か》わり、深《ふか》く積《つ》もった雪《ゆき》も解《と》け始《はじ》める。このころから、早春《そうしゅん》の気配《けはい》が感《かん》じられるようになる。

★書《か》き終《お》わったら、もう一度《いちど》、音読《おんどく》しましょう。

（令和二年度版　光村図書　国語　六　創造　季節の言葉1　「春のいぶき」による）

春《はる》のいぶき ③

名前

短歌《たんか》を音読《おんどく》してから、書《か》き写《うつ》しましょう。

木立《こだち》より
雪解《ゆきげ》のしづ《（ず）》く
落《お》つるおと
聞《き》きつつわれは
歩《あゆ》みをとどむ

斎藤《さいとう》　茂吉《もきち》

（令和二年度版　光村図書　国語　六　創造　季節の言葉1「春のいぶき」による）

★書《か》き終《お》わったら、もう一度《いちど》、音読《おんどく》しましょう。

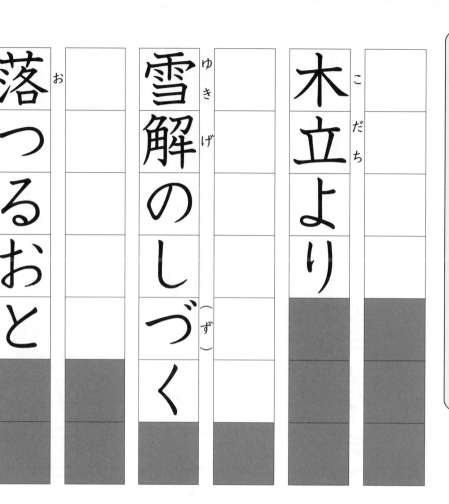

夏《なっ》のさかり ①

名前

文章《ぶんしょう》を音読《おんどく》してから、書《か》き写《うつ》しましょう。

立夏《りっか》

立夏《りっか》

こよみのうえで、
夏《なつ》が始《はじ》まる日《ひ》。新緑《しんりょく》
や若葉《わかば》に、夏《なつ》の気配《けはい》
が感《かん》じられる
ようになる。

★書《か》き終《お》わったら、もう一度《いちど》、音読《おんどく》しましょう。

（令和二年度版　光村図書　国語　六　創造　季節の言葉２「夏のさかり」による）

夏《なつ》のさかり ②

名前

文章《ぶんしょう》を音読《おんどく》してから、書《か》き写《うつ》しましょう。

夏至《げし》

夏至《げし》

一年《いちねん》の中《なか》で、昼《ひる》が最《もっと》も長《なが》く、夜《よる》が最《もっと》も短《みじか》い日《ひ》。昔《むかし》のこよみでは、夏《なつ》の真《ま》ん中《なか》とされた。

★書《か》き終《お》わったら、もう一度《いちど》、音読《おんどく》しましょう。

（令和二年度版　光村図書　国語　六　創造　季節の言葉2「夏のさかり」による）

夏《なつ》のさかり ③

名前

短歌《たんか》を音読《おんどく》してから、書《か》き写《うつ》しましょう。

めざましき
若葉《わかば》の色《いろ》の
日《ひ》のいろの
揺
揺《ゆ》れを静《しず》かに
たのしみにけり

島木《しまき》 赤彦《あかひこ》

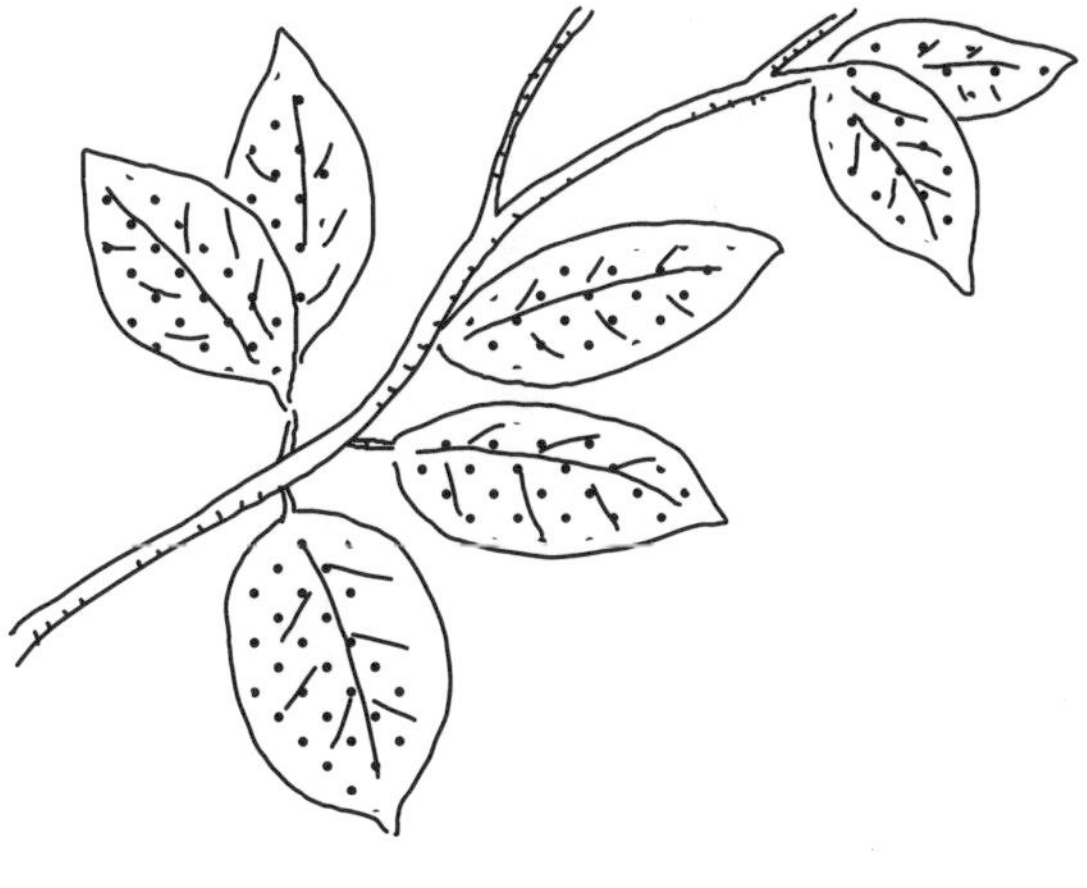

★書《か》き終《お》わったら、もう一度《いちど》、音読《おんどく》しましょう。

（令和二年度版 光村図書 国語 六 創造 季節の言葉2「夏のさかり」による）

川《かわ》とノリオ ①

名前

文章《ぶんしょう》を音読《おんどく》してから、書《か》き写《うつ》しましょう。

そして、ノリオの母《かあ》ちゃんは、とうとう帰《かえ》ってこないのだ。
じいちゃんも、ノリオもだまっている。
年寄《としよ》りすぎたじいちゃん

★書《か》き終《お》わったら、もう一度《いちど》、音読《おんどく》しましょう。

（令和二年度版　教育出版　ひろがる言葉　小学国語　六上　いぬい　とみこ）

川《かわ》とノリオ ②

名前

文章《ぶんしょう》を音読《おんどく》してから、書《か》き写《うつ》しましょう。

にも、小学二年《しょうがくにねん》のノリオにも、何《なに》が言《い》えよう。

＊

ノリオは、青《あお》いガラスのかけらを、ぽんと川《かわ》の水《みず》に投《な》げてやった。すぐにまぶしい日《ひ》の光《ひかり》が、ノリオの世《せ》

★書《か》き終《お》わったら、もう一度《いちど》、音読《おんどく》しましょう。

（令和二年度版　教育出版　ひろがる言葉　小学国語　六上　いぬい　とみこ）

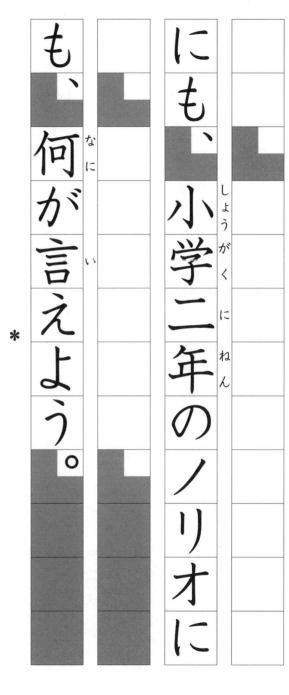

川《かわ》とノリオ ③

文章《ぶんしょう》を音読《おんどく》してから、書《か》き写《うつ》しましょう。

名前

界《かい》に返《かえ》ってきて、ノリオは仕《し》
事《ごと》を思《おも》い出《だ》す。
じいちゃんの工場《こうじょう》のやぎっ
子《こ》の干《ほ》し草《くさ》かりが、
ノリオの仕事《しごと》だ。
青々《あおあお》しげった岸辺《きしべ》の草《くさ》に、

★書《か》き終《お》わったら、もう一度《いちど》、音読《おんどく》しましょう。

（令和二年度版　教育出版　ひろがる言葉　小学国語　六上　いぬい　とみこ）

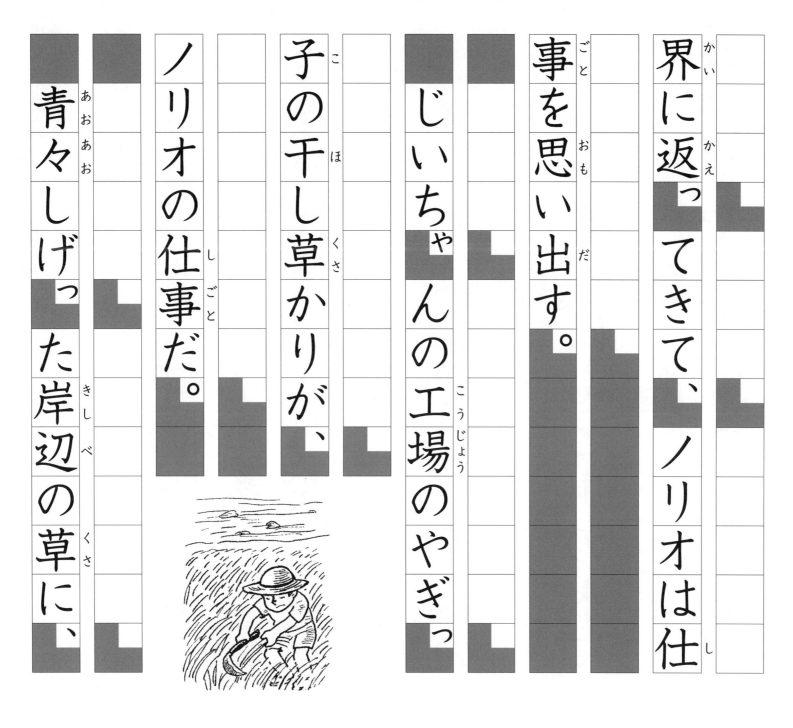

川《かわ》とノリオ ④

名前

文章《ぶんしょう》を音読《おんどく》してから、書《か》き写《うつ》しましょう。

サクッ、サクッとまたかま
を入《い》れだすと、桜《さくら》の木《き》につ
ないだやぎっ子《こ》が、ミエ、
ミエエとノリオを呼《よ》んだ。
母《かあ》ちゃんやぎを呼《よ》ぶよう
な、やぎっ子《こ》の声《こえ》。

★書《か》き終《お》わったら、もう一度《いちど》、音読《おんどく》しましょう。

（令和二年度版　教育出版　ひろがる言葉　小学国語　六上　いぬい　とみこ）

川《かわ》とノリオ ⑤

名前

文章《ぶんしょう》を音読《おんどく》してから、書《か》き写《うつ》しましょう。

草《くさ》いきれのひどいかり草《くさ》の上《うえ》で、ノリオはやぎっ子《こ》と、取《と》っ組《く》み合《あ》う。上《うえ》になり、下《した》になり、転《ころ》げ回《まわ》る。青《あお》い空《そら》を映《うつ》しているやぎの目玉《めだま》。

★書《か》き終《お》わったら、もう一度《いちど》、音読《おんどく》しましょう。

（令和二年度版　教育出版　ひろがる言葉　小学国語　六上　いぬい　とみこ）

川《かわ》とノリオ ⑥

名前

文章《ぶんしょう》を音読《おんどく》してから、書《か》き写《うつ》しましょう。

*

白《しろ》い日《ひ》がさがチカチカゆれて、子《こ》どもの手《て》を引《ひ》いた女《おんな》の人《ひと》が、葉桜《はざくら》の間《あいだ》を遠《とお》くなった。

ザアザアと音《おと》を増《ま》す川《かわ》のひびき。

★書《か》き終《お》わったら、もう一度《いちど》、音読《おんどく》しましょう。

（令和二年度版　教育出版　ひろがる言葉　小学国語　六上　いぬい　とみこ）

川《かわ》とノリオ ⑦

名前

文章《ぶんしょう》を音読《おんどく》してから、書《か》き写《うつ》しましょう。

ノリオは、かまをまた使《つか》いだす。

サクッ、サクッ、サクッ、

母《かあ》ちゃん帰《かえ》れ。

サクッ、サクッ、サクッ、

母《かあ》ちゃん帰《かえ》れよう。

★書《か》き終《お》わったら、もう一度《いちど》、音読《おんどく》しましょう。

（令和二年度版　教育出版　ひろがる言葉　小学国語　六上　いぬい　とみこ）

川《かわ》とノリオ ⑧

名前

文章《ぶんしょう》を音読《おんどく》してから、書《か》き写《うつ》しましょう。

川《かわ》は日《ひ》の光《ひかり》を照《て》り返《かえ》しながら、いっときも休《やす》まず流《なが》れ続《つづ》ける。

★書《か》き終《お》わったら、もう一度《いちど》、音読《おんどく》しましょう。

（令和二年度版　教育出版　ひろがる言葉　小学国語　六上　いぬい　とみこ）

せんねん　まんねん　①

名前

詩《し》を音読《おんどく》してから、書《か》き写《うつ》しましょう。

せんねん　まんねん

まど・みちお

いつかのっぽの

ヤシの木《き》になるために

そのヤシのみが

地《じ》べたに落《お》ちる

その地《じ》ひびきで

★書《か》き終《お》わったら、もう一度《いちど》、音読《おんどく》しましょう。

（令和二年度版　光村図書　国語　六　創造　まど・みちお）

せんねん　まんねん　②

名前

詩《し》を音読《おんどく》してから、書《か》き写《うつ》しましょう。

ミミズがとびだす
そのミミズをヘビがのむ
そのヘビをワニがのむ
そのワニを川《かわ》がのむ
その川《かわ》の岸《きし》ののっぽの

★書《か》き終《お》わったら、もう一度《いちど》、音読《おんどく》しましょう。

（令和二年度版　光村図書　国語　六　創造　まど・みちお）

せんねん　まんねん　③

名前

詩《し》を音読《おんどく》してから、書《か》き写《うつ》しましょう。

ヤシの木《き》の中《なか》を

昇

昇《のぼ》っていくのは

今《いま》まで土《つち》の中《なか》で

うたっていた清水《しみず》

その清水《しみず》は

★書《か》き終《お》わったら、もう一度《いちど》、音読《おんどく》しましょう。

（令和二年度版　光村図書　国語　六　創造　まど・みちお）

せんねん　まんねん　④

名前

詩《し》を音読《おんどく》してから、書《か》き写《うつ》しましょう。

昇《のぼ》って昇《のぼ》って昇《のぼ》りつめて
ヤシのみの中《なか》で眠《ねむ》る
その眠《ねむ》りが
夢《ゆめ》でいっぱいになると
いつかのっぽの

★書《か》き終《お》わったら、もう一度《いちど》、音読《おんどく》しましょう。

（令和二年度版　光村図書　国語　六　創造　まど・みちお）

せんねん　まんねん　⑤

名前

詩《し》を音読《おんどく》してから、書《か》き写《うつ》しましょう。

ヤシの木《き》になるために
そのヤシのみが
地《じ》べたに落《お》ちる
その地《じ》ひびきで
ミミズがとびだす

★書《か》き終《お》わったら、もう一度《いちど》、音読《おんどく》しましょう。

（令和二年度版　光村図書　国語　六　創造　まど・みちお）

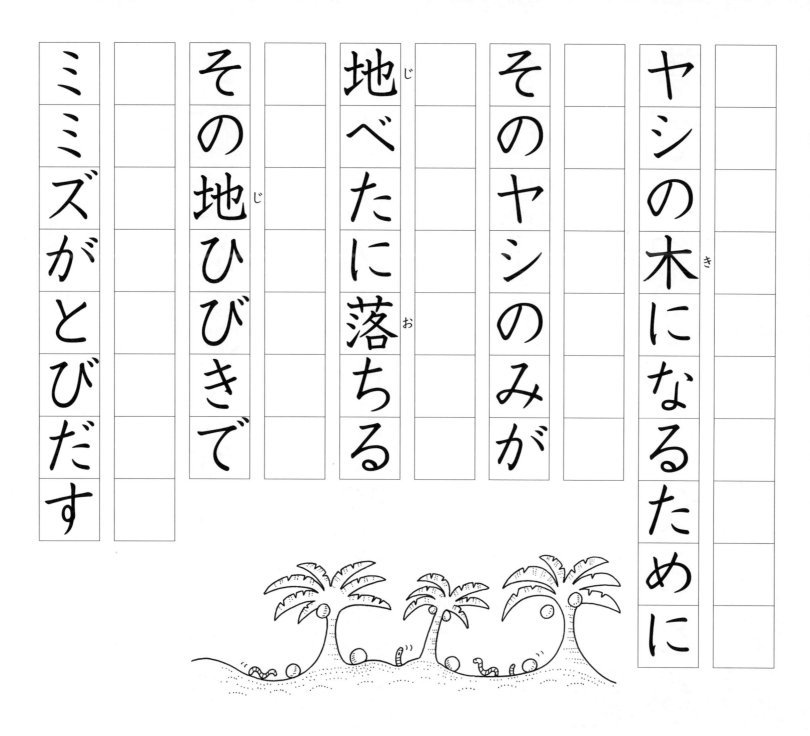

せんねん　まんねん　⑥

名前

詩《し》を音読《おんどく》してから、書《か》き写《うつ》しましょう。

そのミミズをヘビがのむ

そのヘビをワニがのむ

そのワニを川《かわ》がのむ

その川《かわ》の岸《きし》に

まだ人《ひと》が

★書《か》き終《お》わったら、もう一度《いちど》、音読《おんどく》しましょう。

（令和二年度版　光村図書　国語　六　創造　まど・みちお）

せんねん　まんねん　⑦

名前

詩《し》を音読《おんどく》してから、書《か》き写《うつ》しましょう。

やって来《こ》なかったころの
はるなつあきふゆの
はるなつあきふゆの
ながいみじかい
せんねんまんねん

★書《か》き終《お》わったら、もう一度《いちど》、音読《おんどく》しましょう。

（令和二年度版　光村図書　国語　六　創造　まど・みちお）

せんねん　まんねん　⑧

名前

詩《し》を音読《おんどく》して、覚《おぼ》えましょう。また、詩《し》を書《か》きましょう。

せんねん　まんねん

まど・みちお

いつかのっぽの
ヤシの木《き》になるために
そのヤシのみが
地《じ》べたに落《お》ちる
その地《じ》ひびきで
ミミズがとびだす
そのミミズをヘビがのむ
そのヘビをワニがのむ
そのワニを川《かわ》がのむ
その川《かわ》の岸《きし》ののっぽの

★書《か》き終《お》わったら、もう一度《いちど》、音読《おんどく》しましょう。

（令和二年度版　光村図書　国語　六　創造　まど・みちお）

せんねん　まんねん　⑨

名前

詩《し》を音読《おんどく》して、覚《おぼ》えましょう。また、詩《し》を書《か》きましょう。

ヤシの木《き》の中《なか》を
昇《のぼ》っていくのは
今《いま》まで土《つち》の中《なか》で
うたっていた清《し》水《みず》
その清《し》水《みず》は
昇《のぼ》って昇《のぼ》って昇《のぼ》りつめて
ヤシのみの中《なか》で眠《ねむ》る
その眠《ねむ》りが
夢《ゆめ》でいっぱいになると
いつかのっぽの

★書《か》き終《お》わったら、もう一度《いちど》、音読《おんどく》しましょう。

（令和二年度版　光村図書　国語　六　創造　まど・みちお）

せんねん　まんねん　⑩

名前

詩《し》を音読《おんどく》して、覚《おぼ》えましょう。また、詩《し》を書《か》きましょう。

ヤシの木《き》になるために
そのヤシのみが
地《じ》べたに落《お》ちる
その地《じ》ひびきで
ミミズがとびだす
そのミミズをヘビがのむ
そのヘビをワニがのむ
そのワニを川《かわ》がのむ
その川《かわ》の岸《きし》に

★書《か》き終《お》わったら、もう一度《いちど》、音読《おんどく》しましょう。

（令和二年度版　光村図書　国語　六　創造　まど・みちお）

せんねん　まんねん　⑪

名前

詩《し》を音読《おんどく》して、覚《おぼ》えましょう。また、詩《し》を書《か》きましょう。

まだ人《ひと》が
やって来《こ》なかったころの
はるなつあきふゆ
はるなつあきふゆの
ながいみじかい
せんねんまんねん

★書《か》き終《お》わったら、もう一度《いちど》、音読《おんどく》しましょう。

（令和二年度版　光村図書　国語　六　創造　まど・みちお）

生《い》きる ①

名前

詩《し》を音読《おんどく》してから、書《か》き写《うつ》しましょう。

生《い》きる

谷川《たにかわ》 俊太郎《しゅんたろう》

生《い》きているということ
いま生《い》きているということ
それはのどがかわくということ
木《こ》もれ陽《び》がまぶしいということ
ふっと或《あ》るメロディを
思《おも》い出《だ》すということ

★書《か》き終《お》わったら、もう一度《いちど》、音読《おんどく》しましょう。

（令和二年度版　光村図書　国語　六　創造　谷川　俊太郎）

※「生きる」の教材は、令和二年度版　東京書籍　新しい国語　六　にも掲載されています。

生《い》きる　②

名前

詩《し》を音読《おんどく》してから、書《か》き写《うつ》しましょう。

くしゃみすること

あなたと手《て》をつなぐこと

生《い》きているということ

いま生《い》きているということ

★書《か》き終《お》わったら、もう一度《いちど》、音読《おんどく》しましょう。

（令和二年度版　光村図書　国語　六　創造　谷川　俊太郎）

※「生きる」の教材は、令和二年度版　東京書籍　新しい国語　六　にも掲載されています。

生《い》きる ③

名前

詩《し》を音読《おんどく》してから、書《か》き写《うつ》しましょう。

それはミニスカート
それはプラネタリウム
それはヨハン・シュトラウス
それはピカソ
それはアルプス

★書《か》き終《お》わったら、もう一度《いちど》、音読《おんどく》しましょう。

※「生きる」の教材は、令和二年度版 東京書籍 新しい国語 六 にも掲載されています。
（令和二年度版 光村図書 国語 六 創造 谷川 俊太郎）

生《い》きる ④

名前

詩《し》を音読《おんどく》してから、書《か》き写《うつ》しましょう。

すべての美《うつく》しいものに
出会《であ》うということ
そして
かくされた悪《あく》を
注意深《ちゅういぶか》くこばむこと

★書《か》き終《お》わったら、もう一度《いちど》、音読《おんどく》しましょう。

（令和二年度版　光村図書　国語　六　創造　谷川　俊太郎）

※「生きる」の教材は、令和二年度版　東京書籍　新しい国語　六　にも掲載されています。

生《い》きる ⑤

名前

詩《し》を音読《おんどく》してから、書《か》き写《うつ》しましょう。

生《い》きているということ

いま生《い》きているということ

泣《な》けるということ

笑《わら》えるということ

怒

怒《おこ》れるということ

自由《じゆう》ということ

★書《か》き終《お》わったら、もう一度《いちど》、音読《おんどく》しましょう。

（令和二年度版　光村図書　国語　六　創造　谷川　俊太郎）

※「生きる」の教材は、令和二年度版　東京書籍　新しい国語　六　にも掲載されています。

生《い》きる ⑥

詩《し》を音読《おんどく》してから、書《か》き写《うつ》しましょう。

名前

生《い》きているということ
いま生《い》きているということ
いま遠《とお》くで
犬《いぬ》がほえるということ
いま地球《ちきゅう》が
まわっているということ

★書《か》き終《お》わったら、もう一度《いちど》、音読《おんどく》しましょう。

（令和二年度版 光村図書 国語 六 創造 谷川 俊太郎）

※「生きる」の教材は、令和二年度版 東京書籍 新しい国語 六 にも掲載されています。

生《い》きる ⑦

詩《し》を音読《おんどく》してから、書《か》き写《うつ》しましょう。

名前

いまどこかで

いまどこかで
産声《うぶごえ》があがるということ

いまどこかで

兵士《へいし》が傷《きず》つくということ

いまぶらんこが

ゆれているということ

★書《か》き終《お》わったら、もう一度《いちど》、音読《おんどく》しましょう。

※「生きる」の教材は、令和二年度版　東京書籍　新しい国語　六　にも掲載されています。
（令和二年度版　光村図書　国語　六　創造　谷川　俊太郎）

生《い》きる ⑧

詩《し》を音読《おんどく》してから、書《か》き写《うつ》しましょう。

名前

いまいまが過《す》ぎてゆくこと

生《い》きているということ

いま生《い》きているということ

鳥《とり》ははばたくということ

海《うみ》はとどろくということ

かたつむりははうということ

★書《か》き終《お》わったら、もう一度《いちど》、音読《おんどく》しましょう。

（令和二年度版　光村図書　国語　六　創造　谷川　俊太郎）

※「生きる」の教材は、令和二年度版　東京書籍　新しい国語　六　にも掲載されています。

生《い》きる ⑨

名前

詩《し》を音読《おんどく》してから、書《か》き写《うつ》しましょう。

人《ひと》は愛《あい》するということ

あなたの手《て》のぬくみ

いのちということ

★書《か》き終《お》わったら、もう一度《いちど》、音読《おんどく》しましょう。

（令和二年度版　光村図書　国語　六　創造　谷川　俊太郎）

※「生きる」の教材は、令和二年度版　東京書籍　新しい国語　六　にも掲載されています。

生《い》きる ⑩

名前

詩《し》を音読《おんどく》して、覚《おぼ》えましょう。また、詩《し》を書《か》きましょう。

生《い》きる

谷川《たにかわ》 俊太郎《しゅんたろう》

生《い》きているということ
いま生《い》きているということ
それは
のどがかわくということ
木《こ》もれ陽《び》が
まぶしいということ
ふっと或《あ》るメロディを
思《おも》い出《だ》すということ
くしゃみすること
あなたと手《て》をつなぐこと

★書《か》き終《お》わったら、もう一度《いちど》、音読《おんどく》しましょう。

（令和二年度版 光村図書 国語 六 創造 谷川 俊太郎）

※「生きる」の教材は、令和二年度版 東京書籍 新しい国語 六 にも掲載されています。

生《い》きる ⑪

名前

詩《し》を暗唱《あんしょう》しましょう。覚《おぼ》えたら書《か》きましょう。

生《い》きる

谷川《たにかわ》 俊太郎《しゅんたろう》

生《い》 い い

い 生《い》 い い

そ

の か い

木《こ》 陽《び》

ま い

ふ 或《あ》 メ ロ

思《おも》 《だ》 い

く す

あ 手《て》 つ

★書《か》き終《お》わったら、もう一度《いちど》、音読《おんどく》しましょう。

(令和二年度版 光村図書 国語 六 創造 谷川 俊太郎)

※「生きる」の教材は、令和二年度版 東京書籍 新しい国語 六 にも掲載されています。

生《い》きる ⑫

名前

詩《し》を音読《おんどく》して、覚《おぼ》えましょう。また、詩《し》を書《か》きましょう。

生《い》きているということ
いま生《い》きているということ
それはミニスカート
それはプラネタリウム
それはヨハン・シュトラウス
それはピカソ
それはアルプス
すべての美《うつく》しいものに
出会《であ》うということ
そして
かくされた悪《あく》を
注意深《ちゅういぶか》くこばむこと

★書《か》き終《お》わったら、もう一度《いちど》、音読《おんどく》しましょう。

※「生きる」の教材は、令和二年度版 東京書籍 新しい国語 六 にも掲載されています。
（令和二年度版 光村図書 国語 六 創造 谷川 俊太郎）

生《い》きる ⑬

詩《し》を暗唱《あんしょう》しましょう。覚《おぼ》えたら書《か》きましょう。

名前

生《い》　　い　　い
い　生《い》　　い　　い
そ　　ミ
そ　　プ
そ　　ヨ　　　シ
そ　　ピ
そ　　ア
す　　　美《うつく》
出《で》　《あ》　　い
そ
か　　　　悪《あく》
注《ちゅう》　《い》　《ぶか》　こ

★書《か》き終《お》わったら、もう一度《いちど》、音読《おんどく》しましょう。

※「生きる」の教材は、令和二年度版　東京書籍　新しい国語　六　にも掲載されています。
（令和二年度版　光村図書　国語　六　創造　谷川　俊太郎）

生《い》きる ⑭

名前

詩《し》を音読《おんどく》して、覚《おぼ》えましょう。また、詩《し》を書《か》きましょう。

生《い》きているということ
いま生《い》きているということ
泣《な》けるということ
笑《わら》えるということ
怒《おこ》れるということ
自由《じゆう》ということ

★書《か》き終《お》わったら、もう一度《いちど》、音読《おんどく》しましょう。

（令和二年度版　光村図書　国語　六　創造　谷川　俊太郎）
※「生きる」の教材は、令和二年度版　東京書籍　新しい国語　六　にも掲載されています。

生《い》きる ⑮

詩《し》を暗唱《あんしょう》しましょう。覚《おぼ》えたら書《か》きましょう。

名前

生《い》　い　い

い　生《い》　い　い

泣《な》　い

笑《わら》　い

怒《おこ》　い

自《じゆう》　い

★書《か》き終《お》わったら、もう一度《いちど》、音読《おんどく》しましょう。

※「生きる」の教材は、令和二年度版 東京書籍 新しい国語 六 にも掲載されています。

（令和二年度版 光村図書 国語 六 創造 谷川 俊太郎）

生《い》きる ⑯

名前

詩《し》を音読《おんどく》して、覚《おぼ》えましょう。また、詩《し》を書《か》きましょう。

生《い》きているということ
いま生《い》きているということ
いま遠《とお》くで
犬《いぬ》がほえるということ
いま地球《ちきゅう》が
まわっているということ
いまどこかで
産声《うぶごえ》があがるということ
いまどこかで
兵士《へいし》が傷《きず》つくということ
いまぶらんこが
ゆれているということ
いまいまが過《す》ぎてゆくこと

（令和二年度版　光村図書　国語　六　創造　谷川　俊太郎）

★書《か》き終《お》わったら、もう一度《いちど》、音読《おんどく》しましょう。

※「生きる」の教材は、令和二年度版　東京書籍　新しい国語　六　にも掲載されています。

生《い》きる ⑰

名前

詩《し》を暗唱《あんしょう》しましょう。覚《おぼ》えたら書《か》きましょう。

生《い》　い　い
い　生《い》　い　い
い　遠《とお》
犬《いぬ》　ほ　い
い　地《ち》《きゅう》
ま　い　い
い　ど
産《うぶごえ》　あ　い
い　ど
兵《へいし》　傷《きず》　い
い　ぶ
ゆ　い
い　過《す》

★書《か》き終《お》わったら、もう一度《いちど》、音読《おんどく》しましょう。

（令和二年度版　光村図書　国語　六　創造　谷川　俊太郎）

※「生きる」の教材は、令和二年度版　東京書籍　新しい国語　六　にも掲載されています。

生《い》きる ⑱

詩《し》を音読《おんどく》して、覚《おぼ》えましょう。また、詩《し》を書《か》きましょう。

名前

生《い》きているということ
いま生《い》きているということ
鳥《とり》ははばたくということ
海《うみ》はとどろくということ
かたつむりははうということ
人《ひと》は愛《あい》するということ
あなたの手《て》のぬくみ
いのちということ

★書《か》き終《お》わったら、もう一度《いちど》、音読《おんどく》しましょう。

（令和二年度版　光村図書　国語　六　創造　谷川　俊太郎）

※「生きる」の教材は、令和二年度版　東京書籍　新しい国語　六　にも掲載されています。

生《い》きる

⑲

名前

詩《し》を暗唱《あんしょう》しましょう。覚《おぼ》えたら書《か》きましょう。

生《い》 い い

い 生《い》 い い

鳥《とり》 は い

海《うみ》 と い

か は い

人《ひと》 愛《あい》 い

あ 手《て》 ぬ

い い

★書《か》き終《お》わったら、もう一度《いちど》、音読《おんどく》しましょう。

※「生きる」の教材は、令和二年度版　東京書籍　新しい国語　六　にも掲載されています。

（令和二年度版　光村図書　国語　六　創造　谷川　俊太郎）

天地《てんち》の文《ふみ》 ①

文章《ぶんしょう》を音読《おんどく》してから、書《か》き写《うつ》しましょう。

名前

天地《てんち》の文《ふみ》

福澤《ふくざわ》 諭吉《ゆきち》

天地日月。東西南北。

天地日月《てんちじつげつ》。東西南北《とうざいなんぼく》。

きたを背に南に向かひ

きたを背《せ》に南《みなみ》に向《む》かひ（い）

て右と左に指させば、

て右《みぎ》と左《ひだり》に指《ゆび》させば、

ひだりは東、みぎはに

ひだりは東《ひがし》、みぎはに

し。日輪、朝は東より

し。日輪《にちりん》、朝《あさ》は東《ひがし》より

★書《か》き終《お》わったら、もう一度《いちど》、音読《おんどく》しましょう。

（令和二年度版　光村図書　国語　六　創造　福澤　諭吉）

天地《てんち》の文《ふみ》 ②

文章《ぶんしょう》を音読《おんどく》してから、書《か》き写《うつ》しましょう。

名前

天地《てんち》の文《ふみ》

福澤《ふくざわ》 諭吉《ゆきち》

天地日月《てんちじつげつ》。東西南北《とうざいなんぼく》。きたを背《せ》に南《みなみ》に向《む》かひ《（い）》て右《みぎ》と左《ひだり》に指《ゆび》させば、ひだりは東《ひがし》、みぎはにし。日輪《にちりん》、朝《あさ》は東《ひがし》より

★書《か》き終《お》わったら、もう一度《いちど》、音読《おんどく》しましょう。

（令和二年度版　光村図書　国語　六　創造　福澤　諭吉）

天地《てんち》の文《ふみ》 ③

文章《ぶんしょう》を音読《おんどく》してから、書《か》き写《うつ》しましょう。

名前

次第にのぼり、暮れは
次第《しだい》にのぼり、暮《く》れは
またにしに没して、夜
またにしに没《ぼっ》して、夜《よる》
くらし。一昼一夜変わ
くらし。一《いっ》昼《ちゅう》一《いち》夜《や》変《か》わ
りなく、界を分けし午
りなく、界《さかい》を分《わ》けし午《ご》
前午後、前後合わせて
前《ぜん》午《ご》後《ご》、前《ぜん》後《ご》合《あ》わせて

★書《か》き終《お》わったら、もう一度《いちど》、音読《おんどく》しましょう。

（令和二年度版　光村図書　国語　六　創造　福澤　諭吉）

天地《てんち》の文《ふみ》 ④

名前

文章《ぶんしょう》を音読《おんどく》してから、書《か》き写《うつ》しましょう。

次第《しだい》にのぼり、暮《く》れはまたにしに没《ぼっ》して、夜《よる》くらし。一昼《いっちゅう》一夜《いちや》変《か》わりなく、界《さかい》を分《わ》けし午《ご》前午《ぜんご》後《ご》、前後《ぜんご》合《あ》わせて

★書《か》き終《お》わったら、もう一度《いちど》、音読《おんどく》しましょう。

（令和二年度版　光村図書　国語　六　創造　福澤　諭吉）

天地《てんち》の文《ふみ》 ⑤

文章《ぶんしょう》を音読《おんどく》してから、書《か》き写《うつ》しましょう。

名前

二十四時、時をあつめ
二《に》十《じゅう》四《よ》時《じ》、時《とき》をあつめ
て日を計へ、日数つも
て日《ひ》を計《かぞ》へ（え）、日《ひ》数《かず》つも
りて三十の数に満つれ
りて三十《さんじゅう》の数《かず》に満《み》つれ
ば一か月、大と小とに
ば一《いっ》か月《げつ》、大《だい》と小《しょう》とに
かかはらず、あらまし
かかは（わ）らず、あらまし

★書《か》き終《お》わったら、もう一度《いちど》、音読《おんどく》しましょう。

（令和二年度版　光村図書　国語　六　創造　福澤　諭吉）

天地《てんち》の文《ふみ》 ⑥

名前

文章《ぶんしょう》を音読《おんどく》してから、書《か》き写《うつ》しましょう。

二《に》十《じゅう》四《よ》時《じ》、時《とき》をあつめて日《ひ》を計《かぞ》へ（え）、日《ひ》数《かず》つもりて三《さん》十《じゅう》の数《かず》に満《み》つれば一《いっ》か月《げつ》、大《だい》と小《しょう》とにかかは（わ）らず、あらまし

★書《か》き終《お》わったら、もう一度《いちど》、音読《おんどく》しましょう。

（令和二年度版　光村図書　国語　六　創造　福澤　諭吉）

天地《てんち》の文《ふみ》 ⑦

文章《ぶんしょう》を音読《おんどく》してから、書《か》き写《うつ》しましょう。

名前

分けし四週日、一週日

分《わ》けし四《し》週《しゅう》日《じつ》、一《いっ》週《しゅう》日《じつ》

の名目は日月火水木金

の名目《みょうもく》は日《にち》月《げつ》火《か》水《すい》木《もっ》金《きん》

土、一七日に一新し、

土《ど》、一《ひと》七《なぬ》日《か》に一新《いっしん》し、

一年五十二週日、第一

一《いち》年《ねん》五《ご》十《じゅう》二《に》週《しゅう》日《じつ》、第《だい》一《いち》

月の一日は年たち回る

月《げつ》の一《いち》日《にち》は年《とし》たち回《まわ》る

★書《か》き終《お》わったら、もう一度《いちど》、音読《おんどく》しましょう。

（令和二年度版　光村図書　国語　六　創造　福澤　諭吉）

天地《てんち》の文《ふみ》 ⑧

名前

文章《ぶんしょう》を音読《おんどく》してから、書《か》き写《うつ》しましょう。

分《わ》けし四《し》週日《しゅうじつ》、一週日《いっしゅうじつ》の名目《みょうもく》は日《にち》月《げつ》火《か》水《すい》木《もっ》金《きん》土《ど》、一七日《ひとなぬか》に一新《いっしん》し、一年《いちねん》五十二《ごじゅうに》週日《しゅうじつ》、第一《だいいち》月《げつ》の一日《いちにち》は年《とし》たち回《まわ》る

★書《か》き終《お》わったら、もう一度《いちど》、音読《おんどく》しましょう。

（令和二年度版　光村図書　国語　六　創造　福澤　諭吉）

天地《てんち》の文《ふみ》 ⑨

文章《ぶんしょう》を音読《おんどく》してから、書《か》き写《うつ》しましょう。

名前

時なれど、春の初めは

時《とき》なれど、春《はる》の初《はじ》めは

尚遅く初めて来る第三

尚《なお》遅《おそ》く初《はじ》めて来《きた》る第《だい》三《さん》

月、春夏秋冬三月づつ

月《げつ》、春《しゅん》夏《か》秋《しゅう》冬《とう》三《み》月《つき》づ（ず）つ

合わせて三百六十日、

合《あ》わせて三《さん》百《びゃく》六《ろく》十《じゅう》日《にち》、

一年一年又一年、百年

一《いち》年《ねん》一《いち》年《ねん》又《また》一《いち》年《ねん》、百《ひゃく》年《ねん》

★書《か》き終《お》わったら、もう一度《いちど》、音読《おんどく》しましょう。

（令和二年度版　光村図書　国語　六　創造　福澤　諭吉）

天地《てんち》の文《ふみ》 ⑩

文章《ぶんしょう》を音読《おんどく》してから、書《か》き写《うつ》しましょう。

名前

時《とき》なれど、春《はる》の初《はじ》めは
尚《なお》遅《おそ》く初《はじ》めて来《きた》る第《だい》三《さん》
月《げつ》、春《しゅん》夏《か》秋《しゅう》冬《とう》三《み》月《つき》づ《（ず）》つ
合《あ》わせて三《さん》百《びゃく》六《ろく》十《じゅう》日《にち》、
一《いち》年《ねん》一《いち》年《ねん》又《また》一《いち》年《ねん》、百《ひゃく》年《ねん》

★書《か》き終《お》わったら、もう一度《いちど》、音読《おんどく》しましょう。

（令和二年度版　光村図書　国語　六　創造　福澤　諭吉）

天地《てんち》の文《ふみ》 ⑪

名前

文章《ぶんしょう》を音読《おんどく》してから、書《か》き写《うつ》しましょう。

三万六千日、人生わづ

三《さん》万《まん》六《ろく》千《せん》日《にち》、人生《じんせい》わづ（ず）

か五十年、稚き時に怠

か五《ご》十《じゅう》年《ねん》、稚《おさな》き時《とき》に怠《おこ》

たらば老いて悔ゆるも

たらば老《お》いて悔《く》ゆるも

甲斐なかるべし。

甲《か》斐《い》なかるべし。

★書《か》き終《お》わったら、もう一度《いちど》、音読《おんどく》しましょう。

（令和二年度版　光村図書　国語　六　創造　福澤　諭吉）

天地《てんち》の文《ふみ》 ⑫

名前

文章《ぶんしょう》を音読《おんどく》してから、書《か》き写《うつ》しましょう。

三万六千日《さんまんろくせんにち》、人生《じんせい》わづ（ず）か五十年《ごじゅうねん》、稚《おさな》き時《とき》に怠《おこ》たらば老《お》いて悔《く》ゆるも甲斐《かい》なかるべし。

★書《か》き終《お》わったら、もう一度《いちど》、音読《おんどく》しましょう。

（令和二年度版　光村図書　国語　六　創造　福澤　諭吉）

風切《かざき》るつばさ ①

文章《ぶんしょう》を音読《おんどく》してから、書《か》き写《うつ》しましょう。

名前

そのとき！いきなりしげみからキツネが現《あらわ》れた。するどい歯《は》が光《ひか》り、カラカラに飛《と》びかかる。

「危《あぶ》ない！」

その瞬間《しゅんかん》、クルルはカラ

★書《か》き終《お》わったら、もう一度《いちど》、音読《おんどく》しましょう。

（令和二年度版　東京書籍　新しい国語　六　木村　裕一）

風《かぜ》切《き》るつばさ　②

名前

文章《ぶんしょう》を音読《おんどく》してから、書《か》き写《うつ》しましょう。

ラをつき飛《と》ばすように羽《は》ばたいた。カラカラはそれを合《あい》図《ず》に飛《と》び上《あ》がった。

「あっ……。」

気《き》がつくと、クルルの体《からだ》も空《そら》にまい上《あ》がっていた。

★書《か》き終《お》わったら、もう一度《いちど》、音読《おんどく》しましょう。

（令和二年度版　東京書籍　新しい国語　六　木村　裕一）

風《かぜ》切《き》るつばさ ③

名前

文《ぶん》章《しょう》を音《おん》読《どく》してから、書《か》き写《うつ》しましょう。

目標《もくひょう》を失《うしな》ったキツネが、くやしそうに空《そら》を見上《みあ》げている。

「おれ、飛《と》んでる」。

クルルは思《おも》わずさけんだ。

力《ちから》いっぱい羽《は》ばたくと、風《かぜ》

★書《か》き終《お》わったら、もう一度《いちど》、音読《おんどく》しましょう。

（令和二年度版　東京書籍　新しい国語　六　木村　裕一）

風《かぜ》切《き》るつばさ ④

名前

文章《ぶんしょう》を音読《おんどく》してから、書《か》き写《うつ》しましょう。

の中《なか》を体《からだ》がぐんぐんとのぼっていく。

風《かぜ》を切《き》るつばさの音《おと》が、ここちよいリズムで体《からだ》いっぱいにひびきわたった。

「わたれるぞ、これなら、あ

★書《か》き終《お》わったら、もう一度《いちど》、音読《おんどく》しましょう。

（令和二年度版　東京書籍　新しい国語　六　木村　裕一）

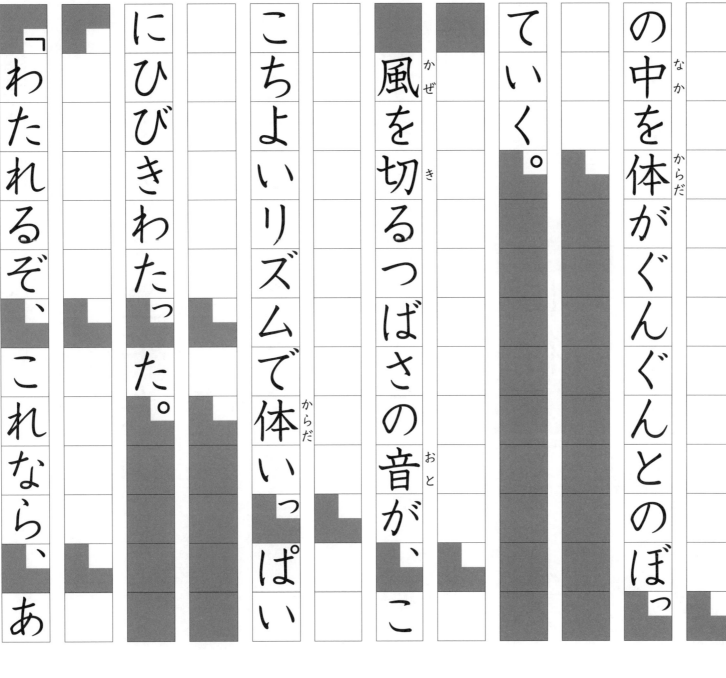

風切《かざき》るつばさ ⑤

文章《ぶんしょう》を音読《おんどく》してから、書《か》き写《うつ》しましょう。

名前

のそびえ立《た》った山《やま》をこえることができるぞ。」

カラカラがふり向《む》いて、

「いっしょに行《い》ってくれるかい？」

と言《い》った。

★書《か》き終《お》わったら、もう一度《いちど》、音読《おんどく》しましょう。

（令和二年度版　東京書籍　新しい国語　六　木村　裕一）

風切《かざき》るつばさ ⑥

名前

文章《ぶんしょう》を音読《おんどく》してから、書《か》き写《うつ》しましょう。

「もちろんさ。」

クルルも少《すこ》し照《て》れて

笑《わら》ってみせた。

二羽《にわ》のアネハヅルは、

最後《さいご》の群《む》れを追《お》うよう

★書《か》き終《お》わったら、もう一度《いちど》、音読《おんどく》しましょう。

（令和二年度版　東京書籍　新しい国語　六　木村　裕一）

風切《かざき》るつばさ ⑦

名前

文章《ぶんしょう》を音読《おんどく》してから、書《か》き写《うつ》しましょう。

に、南《みなみ》に向《む》かった。つばさを大《おお》きく羽《は》ばたかせ、どこまでもどこまでも……。

★書《か》き終《お》わったら、もう一度《いちど》、音読《おんどく》しましょう。

（令和二年度版　東京書籍　新しい国語　六　木村　裕一）

たのしみは　①

名前

短歌《たんか》を音読《おんどく》してから、書《か》き写《うつ》しましょう。

たのしみは
妻子《めこ》むつまじくうちつどひ《（い）》
頭《かしら》ならべて物《もの》をくふ《（う）》時《とき》

たのしみは
朝《あさ》おきいでて昨日《きのう》まで
無《な》かりし花《はな》の咲《さ》ける見《み》る時《とき》

★書《か》き終《お》わったら、もう一度《いちど》、音読《おんどく》しましょう。

（令和二年度版　光村図書　国語　六　創造　橘　曙覧）

たのしみは　②

短歌《たんか》を音読《おんどく》して、覚《おぼ》えましょう。また、短歌《たんか》を書《か》きましょう。

名前

たのしみは
妻子《めこ》むつまじくうちつどひ（い）
頭《かしら》ならべて物《もの》をくふ（う）時《とき》

たのしみは
朝《あさ》おきいでて昨日《きのう》まで
無《な》かりし花《はな》の咲《さ》ける見《み》る時《とき》

★書《か》き終《お》わったら、もう一度《いちど》、音読《おんどく》しましょう。

（令和二年度版　光村図書　国語　六　創造　橘　曙覧）

たのしみは ③

名前

短歌《たんか》を暗唱《あんしょう》しましょう。覚《おぼ》えたら書《か》きましょう。

た

妻《め》こむうひ（い）

頭《かしら》物《もの》ふ（う）とき

た

朝《あさ》お昨日《きのう》

無《な》花《はな》咲《さ》見《み》とき

★書《か》き終《お》わったら、もう一度《いちど》、音読《おんどく》しましょう。

（令和二年度版　光村図書　国語　六　創造　橘　曙覧）

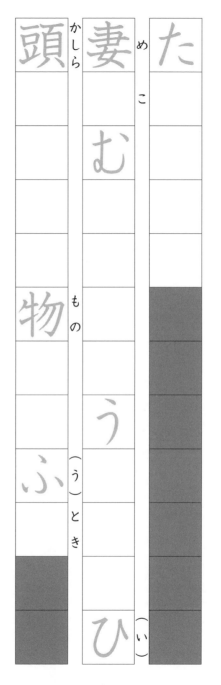

同《おな》じ音《おん》の漢字《かんじ》を使《つか》った文作《ぶんづく》り　①

名前

● 次《つぎ》の文《ぶん》にあてはまる、同《おな》じ音《おん》をもつ漢字《かんじ》を［　］から選《えら》んで、文《ぶん》を作《つく》りましょう。

(1) セイ

① 今日《きょう》は、雲一《くもひと》つない快《かい》（　）《せい》だ。

② 彼《かれ》は、もう立派《りっぱ》な（　）《せい》年《ねん》だ。

③ わたしは、作文《さくぶん》を（　）《せい》書《しょ》する。

［清　青　晴］

(2) セキ

① 机《つくえ》の面《めん》（　）《せき》を求《もと》める。

② 班活動《はんかつどう》の（　）《せき》任者《にんしゃ》になる。

③ テストで良《よ》い成《せい》（　）《せき》をとる。

［責　積　績］

同《おな》じ音《おん》の漢字《かんじ》を使《つか》った文作《ぶんづく》り ②

名前

●――線《せん》の言葉《ことば》にあてはまる漢字《かんじ》を［　］から選《えら》んで、（　）に書《か》きましょう。また、次《つぎ》の言葉《ことば》を使《つか》って文《ぶん》を作《つく》りましょう。

(1)

① 残《のこ》り物《もの》・ふく・ある　（　　）

残り物には、福がある。

② クラス・ふく委員長《いいんちょう》・なる　（　　）

［福　副］

(2)

① 歴史《れきし》・文明《ぶんめい》かいか・習《なら》う　（　　）

② 今年《ことし》・桜《さくら》・かいかする　（　　）

［開化　開花］

書《か》き言葉《ことば》の文作《ぶんづく》り ①

名前

——線《せん》の言葉《ことば》を話《はな》し言葉《ことば》から書《か》き言葉《ことば》に直《なお》して、文《ぶん》を書《か》きましょう。
文末《ぶんまつ》は、ていねい語《ご》（「～です。～ます。」など）を使《つか》いましょう。

① 〔話《はな》し言葉《ことば》〕 おなかがすいたなあ。

〔書《か》き言葉《ことば》〕

おなかがすきました。

② 学校《がっこう》へいっしょに行《い》こう。

学校へいっしょに行きましょう。

③ ドーナツは、おいしかったよ。

ドーナツは、おいしかったです。

④ お寺《てら》で修行《しゅぎょう》をしているよ。

お寺で修行をしています。

書《か》き言葉《ことば》の文《ぶん》作《づく》り ②

名前

● ——線《せん》の言葉《ことば》を話《はな》し言葉《ことば》から書《か》き言葉《ことば》に直《なお》して、文《ぶん》を書《か》きましょう。
文末《ぶんまつ》は、ていねい語《ご》（「～です。～ます。」など）を使《つか》いましょう。

① 〔話《はな》し言葉《ことば》〕 のどがかわいたなあ。

〔書《か》き言葉《ことば》〕

② 動物園《どうぶつえん》へいっしょに行《い》こう。

③ クッキーは、おいしかったよ。

④ 今《いま》、夕食《ゆうしょく》を食《た》べているよ。

短歌《たんか》を作《つく》ろう ①

名前

● 自分《じぶん》が思《おも》う「たのしみ」を短歌《たんか》で表《あらわ》しましょう。

① あなたが日常生活《にちじょうせいかつ》の中《なか》で、なんだか楽《たの》しくなるときやわくわくするときは、どんな場面《ばめん》ですか。〈例《れい》〉のように、自由《じゆう》に書《か》きましょう。

〈例《れい》〉 新《あたら》しい服《ふく》を着《き》て散歩《さんぽ》するとき

場面《ばめん》

② 〈例《れい》〉のように、①をもとにして「たのしみ」を短歌《たんか》（五《ご》・七《しち》・五《ご》・七《しち》・七《しち》）の三十一音《さんじゅういちおん》で表《あらわ》しましょう。

〈例《れい》〉

たのしみは　新《あたら》しい服《ふく》　身《み》にまとい　見慣《みな》れた街《まち》を　散歩《さんぽ》するとき

短歌《たんか》

たのしみは

短《たん》歌《か》を作《つく》ろう　②

名前

● 自分《じぶん》が思《おも》う「かなしみ」を短《たん》歌《か》で表《あらわ》しましょう。

① あなたが日常生活《にちじょうせいかつ》の中《なか》で、なんだかかなしくなるときはどんな場面《ばめん》ですか。
〈例《れい》〉のように、自由《じゆう》に書《か》きましょう。

〈例《れい》〉雨《あめ》が降《ふ》っているのに、かさを持《も》っていないとき

場面《ばめん》

② 〈例《れい》〉のように、①をもとにして「かなしみ」を短《たん》歌《か》（五《ご》・七《しち》・五《ご》・七《しち》・七《しち》の三十一音《さんじゅういちおん》）で表《あらわ》しましょう。

〈例《れい》〉

かなしみは
かさを持《も》たずに
外《そと》へ出《で》て
雨《あめ》に降《ふ》られて
立《た》ちつくすとき

短《たん》歌《か》

かなしみは

文《ぶん》の組《く》み立《た》てと文作《ぶんづく》り ①-(1)

名前

● 〈例《れい》〉のように、次《つぎ》の文《ぶん》を二文《にぶん》に書《か》き直《なお》しましょう。

〈例《れい》〉 夜《よ》が明《あ》けて、日《ひ》がのぼる。

夜が明ける。

日がのぼる。

① 雨《あめ》が上《あ》がり、にじがかかる。

② 春《はる》が来《き》て、桜《さくら》がさく。

③ 祭《まつ》りが始《はじ》まり、花火《はなび》が上《あ》がる。

④ わたしがピアノをひき、妹《いもうと》が歌《うた》を歌《うた》う。

文《ぶん》の組《く》み立《た》てと文作《ぶんづく》り ①-(2)

名前

● 〈例《れい》〉のように、次《つぎ》の文《ぶん》を二文《にぶん》に書《か》き直《なお》しましょう。

〈例《れい》〉 母《はは》が作《つく》ったケーキはおいしい。

母がケーキを作った。

そのケーキはおいしい。

① 父《ちち》が買《か》った時計《とけい》がこわれた。

② 彼《かれ》が作曲《さっきょく》した音楽《おんがく》は、世界中《せかいじゅう》で演奏《えんそう》された。

文《ぶん》の組《く》み立《た》てと文作《ぶんづく》り ②-(1)

名前

● 〔例《れい》〕のように、主語《しゅご》と述語《じゅつご》が正《ただ》しく対応《たいおう》するように並《なら》べかえて、文《ぶん》を作《つく》りましょう。

〔例《れい》〕 さいて・花《はな》が・できる・種《たね》が

述語《じゅつご》　主語《しゅご》　述語《じゅつご》　主語《しゅご》

花がさいて、種ができる。

① 上《あ》がり・幕《まく》が・始《はじ》まる・コンサートが

② 終《お》わり・夏休《なつやす》みが・始《はじ》まる・学校《がっこう》が

③ 鳴《な》り・目覚《めざ》まし時計《どけい》が・起《お》きる・弟《おとうと》が

④ 近《ちか》づいて・夏《なつ》が・上《あ》がった・気温《きおん》が

文《ぶん》の組《く》み立《た》てと文《ぶん》作《づく》り ②-(2)

名前

● 〈例《れい》〉のように、主語《しゅご》と述語《じゅつご》が正《ただ》しく対応《たいおう》するように並《なら》べかえて、文《ぶん》を作《つく》りましょう。

〈例《れい》〉 冬《ふゆ》が（主語《しゅご》）・気温《きおん》が（主語《しゅご》）・近《ちか》づいて（述語《じゅつご》）・下《さ》がった（述語《じゅつご》）

冬が近づいて、気温が下がった。

① 城《しろ》の門《もん》が・パーティーが・開《ひら》き・始《はじ》まる

② チャイムが・授業《じゅぎょう》が・鳴《な》り・終《お》わる

③ 風《かぜ》が・草木《くさき》が・ふいて・ゆれる

文《ぶん》の組《く》み立《た》てと文《ぶん》作《づく》り ②-(3)

名前

● 〔例《れい》〕のように、主語《しゅご》と述語《じゅつご》が正《ただ》しく対応《たいおう》するように並《なら》べかえて、文《ぶん》を作《つく》りましょう。

〔例《れい》〕 買《か》った（述語《じゅつご》）・兄《あに》が（主語《しゅご》）・おもしろい（述語《じゅつご》）・本《ほん》は（主語《しゅご》）

兄が買った本は、おもしろい。

① かいた・画家《がか》が・売《う》れた・絵《え》が

② 育《そだ》てた・祖父《そふ》が・おいしい・野菜《やさい》は

③ 買《か》った・姉《あね》が・おしゃれだ・服《ふく》は

④ 作《つく》った・母《はは》が・おいしい・料理《りょうり》は

文《ぶん》の組《く》み立《た》てと文《ぶん》作《づく》り ③

名前

● 〈例《れい》〉のように、次《つぎ》の二文《にぶん》を一文《いちぶん》に書《か》き直《なお》しましょう。

〈例《れい》〉

わたしが、海《うみ》で貝《かい》がらを拾《ひろ》った。
その貝《かい》がらは、七色《なないろ》に光《ひか》った。

わたしが海で拾った貝がらは、
七色に光った。

①

少年《しょうねん》が夢《ゆめ》を語《かた》った。
その夢《ゆめ》は、宇宙《うちゅう》へ行《い》くことだ。

②

兄《あに》が神社《じんじゃ》へ行《い》った。
その神社《じんじゃ》には、大《おお》きな鳥居《とりい》がある。

二字熟語《にじじゅくご》を使《つか》った文作《ぶんづく》り　①-(1)

名前

● 〔例《れい》〕のように、〔　〕の組《く》み合《あ》わせにあてはまる二字熟語《にじじゅくご》を［　］から選《えら》び、□に書《か》きましょう。また、その二字熟語《にじじゅくご》を使《つか》って、□に文《ぶん》を作《つく》りましょう。

〔例《れい》〕　〔意味《いみ》が対《つい》になる組《く》み合《あ》わせ〕

勝敗

ぼくは勝敗《しょうはい》に関《かか》わらず、試合《しあい》を楽《たの》しむ。

①　〔似《に》た意味《いみ》の組《く》み合《あ》わせ〕

②　〔意味《いみ》が対《つい》になる組《く》み合《あ》わせ〕

勝敗《しょうはい》（意味《いみ》：勝《か》つ・敗《やぶ》れる）　明暗《めいあん》（意味《いみ》：明《あか》るい・暗《くら》い）　絵画《かいが》（意味《いみ》：絵《え》

二字熟語《にじじゅくご》を使《つか》った文作《ぶんづく》り (1)-(2)

名前

● 〈例《れい》〉のように、〈　〉の組《く》み合《あ》わせにあてはまる二字熟語《にじじゅくご》を□から選《えら》び、□に書《か》きましょう。また、その二字熟語《にじじゅくご》を使《つか》って、□に文《ぶん》を作《つく》りましょう。

〈例《れい》〉 〈上《うえ》の漢字《かんじ》が下《した》の漢字《かんじ》を修飾《しゅうしょく》する組《く》み合《あ》わせ〉

山頂

兄《あに》は、富士山《ふじさん》の山頂《さんちょう》に登《のぼ》る。

① 〈「――を」「――に」に当《あ》たる意味《いみ》の漢字《かんじ》が下《した》に来《く》る組《く》み合《あ》わせ〉

② 〈上《うえ》の漢字《かんじ》が下《した》の漢字《かんじ》を修飾《しゅうしょく》する組《く》み合《あ》わせ〉

読書《どくしょ》（意味《いみ》：書物《しょもつ》を読《よ》む）　山頂《さんちょう》（意味《いみ》：山《やま》の頂《いただき》）　大声《おおごえ》（意味《いみ》：大《おお》きな声《こえ》）

二字熟語《にじじゅくご》を使《つか》った文作《ぶんづく》り ②

名前

● 次《つぎ》の二字熟語《にじじゅくご》が㋐〜㋓のどの組み合わせにあてはまるか選《えら》び、（　）に記号《きごう》を書《か》きましょう。また、その二字熟語《にじじゅくご》を使《つか》って［　］に文《ぶん》を作《つく》りましょう。

㋐ 似《に》た意味《いみ》の漢字《かんじ》の組《く》み合《あ》わせ
㋑ 意味《いみ》が対《つい》（あるいは反対《はんたい》）になる漢字《かんじ》の組《く》み合《あ》わせ
㋒ 上《うえ》の漢字《かんじ》が下《した》の漢字《かんじ》を修飾《しゅうしょく》する組《く》み合《あ》わせ
㋓ 「——を」「——に」に当《あ》たる漢字《かんじ》が下《した》に来《く》る組《く》み合《あ》わせ

① 親友《しんゆう》（意味《いみ》：親《した》しい友《とも》だち）（㋒）

山田《やまだ》さんは、ぼくの親友《しんゆう》です。

② 強弱《きょうじゃく》（意味《いみ》：強《つよ》い・弱《よわ》い）（　）

③ 洗顔《せんがん》（意味《いみ》：顔《かお》を洗《あら》う）（　）

三字熟語《さんじじゅくご》を使《つか》った文作《ぶんづく》り ①

名前

● 〈例《れい》〉のように、次《つぎ》の三字熟語《さんじじゅくご》を構成《こうせい》している語《ご》に分《わ》けて、（　）に書《か》きましょう。また、その三字熟語《さんじじゅくご》を使《つか》って□に文《ぶん》を作《つく》りましょう。

〈例《れい》〉 大中小《だいちゅうしょう》 →（大）（中）（小）

箱《はこ》を大中小《だいちゅうしょう》に分《わ》ける。

① 衣食住《いしょくじゅう》 →（　）（　）（　）

② 大自然《だいしぜん》 →（　）（　）

③ 積極的《せっきょくてき》 →（　）（　）

三字熟語《さんじじゅくご》を使《つか》った文作《ぶんづく》り ②

名前

● 〔例《れい》〕のように、〔 〕の意味《いみ》に沿《そ》った三字熟語《さんじじゅくご》になるように、□から言葉《ことば》を選《えら》び（ ）に書《か》きましょう。また、その三字熟語《さんじじゅくご》を使《つか》って□に文《ぶん》を作《つく》りましょう。

〔例《れい》〕（未）解決《かいけつ》〔まだ解決《かいけつ》していないこと／もの〕

けい事《じ》が、未解決《みかいけつ》の事件《じけん》を追《お》う。

① （ ）可能《かのう》〔可能《かのう》でないこと〕

② （ ）関係《かんけい》〔関係《かんけい》がないこと〕

③ （ ）常識《じょうしき》〔常識《じょうしき》がないこと〕

無《む》　不《ふ》　非《ひ》　未《み》

三字熟語《さんじじゅくご》を使《つか》った文作《ぶんづく》り　③

名前

● 〈例《れい》〉のように、□から三字熟語《さんじじゅくご》を自由《じゆう》に選《えら》び、（　）に書《か》きましょう。また、その三字熟語《さんじじゅくご》を使《つか》って□に文《ぶん》を作《つく》りましょう。

〈例《れい》〉（安全性）

商品《しょうひん》の安全性《あんぜんせい》を確《たし》かめる。

①（　　　）

②（　　　）

温暖化《おんだんか》　長時間《ちょうじかん》
安全性《あんぜんせい》　未成年《みせいねん》
不自然《ふしぜん》　無責任《むせきにん》

四字以上《よじいじょう》の熟語《じゅくご》を使《つか》った文作《ぶんづく》り

名前

● 〔例《れい》〕のように、次《つぎ》の四字以上《よじいじょう》の熟語《じゅくご》を構成《こうせい》している語《ご》に分《わ》けて、（　）に書《か》きましょう。また、その熟語《じゅくご》を使《つか》って□に文《ぶん》を作《つく》りましょう。

〔例《れい》〕春夏秋冬《しゅんかしゅうとう》→（春）（夏）（秋）（冬）

春夏秋冬《しゅんかしゅうとう》、半《はん》そでで過《す》ごす。

① 都道府県《とどうふけん》→（　）（　）（　）（　）

② 国語辞典《こくごじてん》→（　）（　）

③ 蒸気機関車《じょうききかんしゃ》→（　）（　）

四字熟語《よじじゅくご》を使《つか》った文作《ぶんづく》り ①−(1)

名前

● 次《つぎ》の四字熟語《よじじゅくご》の意味《いみ》にあてはまるものを下《した》から選《えら》び、——線《せん》で結《むす》びましょう。

(1)

① 一期一会《いちごいちえ》 ・　・ 何《なに》かをきっかけに心《こころ》ががすっかり変《か》わること

② 一石二鳥《いっせきにちょう》 ・　・ 一生《いっしょう》に一度《いちど》だけの機会《きかい》

③ 心機一転《しんきいってん》 ・　・ 一《ひと》つのことをして、二《ふた》つの得《とく》を手《て》にすること

(2)

① 起死回生《きしかいせい》 ・　・ 考《かんが》えや好《この》みは人《ひと》によってちがうこと

② 十人十色《じゅうにんといろ》 ・　・ 今《いま》にもだめになりそうな状態《じょうたい》を立《た》て直《なお》すこと

③ 日進月歩《にっしんげっぽ》 ・　・ 毎日《まいにち》絶《た》え間《ま》なく進歩《しんぽ》すること

四字熟語《よじじゅくご》を使《つか》った文作《ぶんづく》り ①-(2)

名前

● 次《つぎ》の四字熟語《よじじゅくご》の意味《いみ》にあてはまるものを下《した》から選《えら》び、——線《せん》で結《むす》びましょう。

(1)

① 一心同体《いっしんどうたい》 • • 強者《きょうしゃ》が弱者《じゃくしゃ》をえじきにして、栄《さか》えること

② 弱肉強食《じゃくにくきょうしょく》 • • 二人以上《ふたりいじょう》の人《ひと》が、心《こころ》を一《ひと》つにして結《むす》びつくこと

③ 起承転結《きしょうてんけつ》 • • 文章《ぶんしょう》や話《はなし》の組《く》み立《た》て方《かた》の順序《じゅんじょ》

(2)

① 四苦八苦《しくはっく》 • • その人《ひと》のもつ力《ちから》にふさわしい役割《やくわり》をあたえること

② 一進一退《いっしんいったい》 • • 進《すす》んだりもどったりすること

③ 適材適所《てきざいてきしょ》 • • うまくいかずに、苦《くる》しむこと

四字熟語《よじじゅくご》を使《つか》った文作《ぶんづく》り ②-(1)

名前

● 〈例《れい》〉のように、——線《せん》の四字熟語《よじじゅくご》を使《つか》って文《ぶん》を作《つく》りましょう。
また、下《した》の□の言葉《ことば》を使《つか》って、文《ぶん》をつなぎましょう。

〈例《れい》〉 六年一組《ろくねんいちくみ》・メンバー・十人十色《じゅうにんといろ》・個性《こせい》・もつ

六年一組のメンバーは、
十人十色の個性をもつ。

の　は　の　を

① 仲間《なかま》・一期一会《いちごいちえ》・大切《たいせつ》にする

を　との

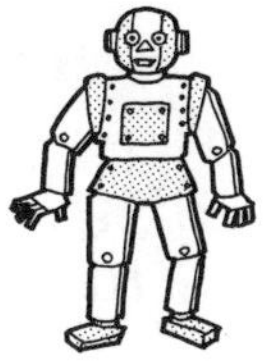

② ロボット・日進月歩《にっしんげっぽ》・進化《しんか》する

は　で

③ 野球選手《やきゅうせんしゅ》・起死回生《きしかいせい》・ホームラン・打《う》った

の　が　を

四字熟語《よじじゅくご》を使《つか》った文作《ぶんづく》り　②-(2)

名前

●——線《せん》の四字熟語《よじじゅくご》を使《つか》って、文《ぶん》を作《つく》りましょう。また、下《した》の□の言葉《ことば》を使《つか》って、文《ぶん》をつなぎましょう。

①　心機一転《しんきいってん》・新《あたら》しい家《いえ》・引《ひ》っこす

に

②　牛乳《ぎゅうにゅう》・飲《の》む・おいしく・栄養《えいよう》がある・一石二鳥《いっせきにちょう》だ

を　の　で　て　と

③　ぼくたち・音楽《おんがく》の好《この》み・十人十色《じゅうにんといろ》だ

は　の

④　英語《えいご》・話《はな》す力《ちから》・日進月歩《にっしんげっぽ》・成長《せいちょう》する

が　で　を

四字熟語《よじじゅくご》を使《つか》った文作《ぶんづく》り ②-(3)

名前

●——線《せん》の四字熟語《よじじゅくご》を使《つか》って、文《ぶん》を作《つく》りましょう。また、下《した》の□の言葉《ことば》を使《つか》って、文《ぶん》をつなぎましょう。

① 適材適所《てきざいてきしょ》・クラスの係《かかり》・決《き》める

を　で

② クラス全員《ぜんいん》・一心同体《いっしんどうたい》・合唱《がっしょう》する

となり　が

③ 動物《どうぶつ》・世界《せかい》・弱肉強食《じゃくにくきょうしょく》だ

の　は

④ 映画《えいが》・起承転結《きしょうてんけつ》・欠《か》かせない

が　には

複合語《ふくごうご》を使《つか》った文作《ぶんづく》り ①

名前

● 〈例《れい》〉のように、――線《せん》の言葉《ことば》を複合語《ふくごうご》に直《なお》して、文《ぶん》を書《か》きましょう。

〈例《れい》〉 妹《いもうと》は、ぶどうのジュースが好《す》きだ。

妹は、ぶどうジュースが好きだ。

① 今《いま》から、昼《ひる》の休《やす》みです。

② わたしは、図書《としょ》の委員《いいん》になった。

③ 心地《ここち》よい春《はる》の風《かぜ》がふく。

複合語《ふくごうご》を使《つか》った文作《ぶんづく》り　②-(1)

名前

● 〈例《れい》〉のように、二《ふた》つの言葉《ことば》を組《く》み合《あ》わせて複合語《ふくごうご》を作《つく》り、(　)に書《か》きましょう。また、その複合語《ふくごうご》を使《つか》って□に文《ぶん》を作《つく》りましょう。

〈例《れい》〉見《み》る ＋ 送《おく》る → (見《み》送《おく》る)

友《とも》だちを駅《えき》まで見《み》送《おく》る。

① 走《はし》る ＋ 回《まわ》る → (　　　)

② 夏《なつ》 ＋ 休《やす》み → (　　　)

③ 雪《ゆき》 ＋ 合戦《かっせん》 → (　　　)

複合語《ふくごうご》を使《つか》った文作《ぶんづく》り　②-(2)

名前

● 〈例《れい》〉のように、複合語《ふくごうご》を二《ふた》つの言葉《ことば》に分《わ》けて（　）に書《か》きましょう。
また、その複合語《ふくごうご》を使《つか》って□に文《ぶん》を作《つく》りましょう。

〈例《れい》〉 カレーライス　→　（カレー）＋ライス

ぼくは、カレーライスを食《た》べる。

① 赤信号《あかしんごう》　→　（　　　）＋信号《しんごう》

② サッカー選手《せんしゅ》　→　（　　　）＋選手《せんしゅ》

③ 新商品《しんしょうひん》　→　（　　　）＋商品《しょうひん》

外来語《がいらいご》を使《つか》った文作《ぶんづく》り

名前

● 〈例《れい》〉のように、――線《せん》の言葉《ことば》と同《おな》じ意味《いみ》の外来語《がいらいご》を□から選《えら》んで、（　）に書《か》きましょう。また、（　）の言葉《ことば》を使《つか》って文《ぶん》を作《つく》りましょう。

〈例《れい》〉わたし・さじ・プリン・食《た》べる

（スプーン）

わたしは、スプーンでプリンを食べる。

① 母《はは》・台所《だいどころ》・夕食《ゆうしょく》・作《つく》っている

（　　　）

② 友《とも》だち・おくり物《もの》・もらった

（　　　）

キッチン　プレゼント　スプーン

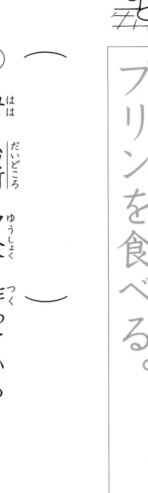

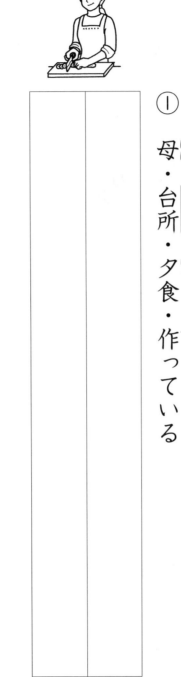

場面《ばめん》の絵《え》と漢字《かんじ》を使《つか》った文作《ぶんづく》り ①

名前

● イラストを参考《さんこう》に、□の言葉《ことば》を使《つか》って文《ぶん》を作《つく》りましょう。
（――線《せん》の漢字《かんじ》は、五年生《ごねんせい》で習《なら》った漢字《かんじ》です。）

①
久《ひさ》しぶり
再会《さいかい》

②
墓場《はかば》
迷《まよ》う

③
気象予報士《きしょうよほうし》
暴風雨《ぼうふうう》

④
夢《ゆめ》
現《あらわ》れる

① 久《ひさ》しぶりに友《とも》だちと再会《さいかい》する。

②

③

④

場面《ばめん》の絵《え》と漢字《かんじ》を使《つか》った文作《ぶんづく》り ②

名前

● イラストを参考《さんこう》に、□の言葉《ことば》を使《つか》って文《ぶん》を作《つく》りましょう。
（——線《せん》の漢字《かんじ》は、五年生《ごねんせい》で習《なら》った漢字《かんじ》です。）

①
正義《せいぎ》
救《すく》う

②
資《し》げん
豊富《ほうふ》

③
象《ぞう》
飼育《しいく》

④
武士《ぶし》
領土《りょうど》

① 正義《せいぎ》の味方《みかた》が、みんなを救《すく》う。

②

③

④

本書の解答は，あくまでもひとつの例です。児童に取り組ませる前に，必ず指導される方が問題を解いてください。指導される方の作られた解答をもとに，児童の多様な考えに寄り添って○つけをお願いします。

解答例

90 頁

同《おな》じ音《おん》の漢字《かんじ》を使《つか》った文作《ぶんづく》り ①

名前

● 次《つぎ》の文《ぶん》にあてはまる、同《おな》じ音《おん》をもつ漢字《かんじ》を□から選《えら》んで、文《ぶん》を作《つく》りましょう。

(1) セイ

① 今日は、雲一つない快晴だ。

② 彼は、もう立派な青年だ。

③ わたしは、作文を清書する。

清　青　晴

(2) セキ

① 机の面積を求める。

② 班活動の責任者になる。

③ テストで良い成績をとる。

責　積　績

90

91 頁

同《おな》じ音《おん》の漢字《かんじ》を使《つか》った文作《ぶんづく》り ②

名前

● ——線《せん》の言葉《ことば》にあてはまる漢字《かんじ》を□から選《えら》んで、（　）に書《か》きましょう。
また、次《つぎ》の言葉《ことば》を使《つか》って文《ぶん》を作《つく》りましょう。

(1)

（福）

① 残《のこ》り物《もの》・ふく・ある

残り物には、福がある。

（副）

② クラス・ふく委員長《いいんちょう》・なる

クラスの副委員長になる。

福　副

(2)

（開化）

① 歴史《れきし》・文明《ぶんめい》かいか・習《なら》う

歴史で文明開化を習う。

（開花）

② 今年《ことし》・桜《さくら》・かいかする

今年も桜が開花する。

開化　開花

91

92 頁

書《か》き言葉《ことば》の文作《ぶんづく》り ①

名前

● ——線《せん》の言葉《ことば》を話《はな》し言葉《ことば》から書《か》き言葉《ことば》に直《なお》して、文《ぶん》を書《か》きましょう。
文末《ぶんまつ》は、ていねい語《ご》（「〜です。〜ます。」など）を使《つか》いましょう。

① 〔話《はな》し言葉《ことば》〕 おなかがすいたなあ。
〔書《か》き言葉《ことば》〕

おなかがすきました。

② 学校《がっこう》へいっしょに行《い》こう。

学校へいっしょに行きましょう。

③ ドーナツは、おいしかったよ。

ドーナツは、おいしかったです。

④ お寺《てら》で修行《しゅぎょう》をしているよ。

お寺で修行をしています。

92

93 頁

書《か》き言葉《ことば》の文作《ぶんづく》り ②

名前

● ——線《せん》の言葉《ことば》を話《はな》し言葉《ことば》から書《か》き言葉《ことば》に直《なお》して、文《ぶん》を書《か》きましょう。
文末《ぶんまつ》は、ていねい語《ご》（「〜です。〜ます。」など）を使《つか》いましょう。

① 〔話《はな》し言葉《ことば》〕 のどがかわいたなあ。
〔書《か》き言葉《ことば》〕

のどがかわきました。

② 動物園《どうぶつえん》へいっしょに行《い》こう。

動物園へいっしょに行きましょう。

③ クッキーは、おいしかったよ。

クッキーは、おいしかったです。

④ 今《いま》、夕食《ゆうしょく》を食《た》べているよ。

今、夕食を食べています。

93

本書の解答は，あくまでもひとつの例です。児童に取り組ませる前に，必ず指導される方が問題を解いてください。指導される方の作られた解答をもとに，児童の多様な考えに寄り添って○つけをお願いします。

94頁

短歌《たんか》を作《つく》ろう ①

名前

● 自分《じぶん》が思《おも》う「たのしみ」を短歌《たんか》で表《あらわ》しましょう。

① あなたが日常生活《にちじょうせいかつ》の中《なか》で、なんだか楽《たの》しくなるときやわくわくするときは、どんな場面《ばめん》ですか。〈例《れい》〉のように、自由《じゆう》に書《か》きましょう。

〔例《れい》〕新《あたら》しい服《ふく》を着《き》て散歩《さんぽ》するとき

場面《ばめん》

② 〈例《れい》〉のように、①をもとにして「たのしみ」を短歌《たんか》（五《ご》・七《しち》・五《ご》・七《しち》・七《しち》の三十一音《さんじゅういちおん》）で表《あらわ》しましょう。

〔例《れい》〕

たのしみは
新《あたら》しい服《ふく》
身《み》にまとい
見慣《みな》れた街《まち》を
散歩《さんぽ》するとき

短歌《たんか》

（略）

95頁

短歌《たんか》を作《つく》ろう ②

名前

● 自分《じぶん》が思《おも》う「かなしみ」を短歌《たんか》で表《あらわ》しましょう。

① あなたが日常生活《にちじょうせいかつ》の中《なか》で、なんだかかなしくなるときはどんな場面《ばめん》ですか。〈例《れい》〉のように、自由《じゆう》に書《か》きましょう。

〔例《れい》〕雨《あめ》が降《ふ》っているのに、かさを持《も》っていないとき

場面《ばめん》

② 〈例《れい》〉のように、①をもとにして「かなしみ」を短歌《たんか》（五《ご》・七《しち》・五《ご》・七《しち》・七《しち》の三十一音《さんじゅういちおん》）で表《あらわ》しましょう。

〔例《れい》〕

かなしみは
かさを持《も》たずに
外《そと》へ出《で》て
雨《あめ》に降《ふ》られて
立《た》ちつくすとき

短歌《たんか》

（略）

96頁

文《ぶん》の組《く》み立《た》てと文作《ぶんづく》り ①-(1)

名前

● 〈例《れい》〉のように、次《つぎ》の文《ぶん》を二文《にぶん》に書《か》き直《なお》しましょう。

〔例《れい》〕夜《よ》が明《あ》けて、日《ひ》がのぼる。

夜が明ける。

日がのぼる。

① 雨《あめ》が上《あ》がり、にじがかかる。

雨が上がる。

にじがかかる。

② 春《はる》が来《き》て、桜《さくら》がさく。

春が来る。

桜がさく。

③ 祭《まつ》りが始《はじ》まり、花火《はなび》が上《あ》がる。

祭りが始まる。

花火が上がる。

④ わたしがピアノをひき、妹《いもうと》が歌《うた》を歌《うた》う。

わたしがピアノをひく。

妹が歌を歌う。

97頁

文《ぶん》の組《く》み立《た》てと文作《ぶんづく》り ①-(2)

名前

● 〈例《れい》〉のように、次《つぎ》の文《ぶん》を二文《にぶん》に書《か》き直《なお》しましょう。

〔例《れい》〕母《はは》が作《つく》ったケーキはおいしい。

母がケーキを作った。

そのケーキはおいしい。

① 父《ちち》が買《か》った時計《とけい》がこわれた。

父が時計を買った。

その時計がこわれた。

② 彼《かれ》が作曲《さっきょく》した音楽《おんがく》は、世界中《せかいじゅう》で演奏《えんそう》された。

彼が音楽を作曲した。

その音楽は世界中で演奏された。

98 頁

文《ぶん》の組《く》み立《た》てと文作《ぶんづく》り ②-(1)

名前

● 〈例《れい》〉のように、主語《しゅご》と述語《じゅつご》が正《ただ》しく対応《たいおう》するように並《なら》べかえて、文《ぶん》を作《つく》りましょう。

〔例《れい》〕 さいて（述語《じゅつご》）・花《はな》が（主語《しゅご》）・できる（述語《じゅつご》）・種《たね》が（主語《しゅご》）

花がさいて、種ができる。

① 上《あ》がり・幕《まく》が・始《はじ》まる・コンサートが

幕が上がり、コンサートが始まる。

② 終《お》わり・夏休《なつやす》みが・始《はじ》まる・学校《がっこう》が

夏休みが終わり、学校が始まる。

③ 鳴《な》り・目覚《めざ》まし時計《どけい》が・起《お》きる・弟《おとうと》が

目覚まし時計が鳴り、弟が起きる。

④ 近《ちか》づいて・夏《なつ》が・上《あ》がった・気温《きおん》が

夏が近づいて、気温が上がった。

98

99 頁

文《ぶん》の組《く》み立《た》てと文作《ぶんづく》り ②-(2)

名前

● 〈例《れい》〉のように、主語《しゅご》と述語《じゅつご》が正《ただ》しく対応《たいおう》するように並《なら》べかえて、文《ぶん》を作《つく》りましょう。

〔例《れい》〕 冬《ふゆ》が（主語《しゅご》）・気温《きおん》が（主語《しゅご》）・近《ちか》づいて（述語《じゅつご》）・下《さ》がった（述語《じゅつご》）

冬が近づいて、気温が下がった。

① 城《しろ》の門《もん》が・パーティーが・開《ひら》き・始《はじ》まる

城の門が開き、パーティーが始まる。

② チャイムが・授業《じゅぎょう》が・鳴《な》り・終《お》わる

チャイムが鳴り、授業が終わる。

③ 風《かぜ》が・草木《くさき》が・ふいて・ゆれる

風がふいて、草木がゆれる。

99

100 頁

文《ぶん》の組《く》み立《た》てと文作《ぶんづく》り ②-(3)

名前

● 〈例《れい》〉のように、主語《しゅご》と述語《じゅつご》が正《ただ》しく対応《たいおう》するように並《なら》べかえて、文《ぶん》を作《つく》りましょう。

〔例《れい》〕 買《か》った（述語《じゅつご》）・兄《あに》が（主語《しゅご》）・おもしろい（述語《じゅつご》）・本《ほん》は（主語《しゅご》）

兄が買った本は、おもしろい。

① かいた・画家《がか》が・売《う》れた・絵《え》が

画家がかいた絵が、売れた。

② 育《そだ》てた・祖父《そふ》が・おいしい・野菜《やさい》は

祖父が育てた野菜は、おいしい。

③ 買《か》った・姉《あね》が・おしゃれだ・服《ふく》は

姉が買った服は、おしゃれだ。

④ 作《つく》った・母《はは》が・おいしい・料理《りょうり》は

母が作った料理は、おいしい。

100

101 頁

文《ぶん》の組《く》み立《た》てと文作《ぶんづく》り ③

名前

● 〈例《れい》〉のように、次《つぎ》の二文《にぶん》を一文《いちぶん》に書《か》き直《なお》しましょう。

〔例《れい》〕 わたしが、海《うみ》で貝《かい》がらを拾《ひろ》った。
その貝《かい》がらは、七色《なないろ》に光《ひか》った。

わたしが海で拾った貝がらは、
七色に光った。

① 少年《しょうねん》が夢《ゆめ》を語《かた》った。
その夢《ゆめ》は、宇宙《うちゅう》へ行《い》くことだ。

少年が語った夢は、
宇宙へ行くことだ。

② 兄《あに》が神社《じんじゃ》へ行《い》った。
その神社《じんじゃ》には、大《おお》きな鳥居《とりい》がある。

兄が行った神社には、
大きな鳥居がある。

101

解答例

本書の解答は，あくまでもひとつの例です。児童に取り組ませる前に，必ず指導される方が問題を解いてください。指導される方の作られた解答をもとに，児童の多様な考えに寄り添って○つけをお願いします。

102頁

二字熟語《にじじゅくご》を使《つか》った文作《ぶんづく》り ①-(1)

名前

● 〈例《れい》〉のように，〈　〉の組《く》み合《あ》わせにあてはまる二字熟語《にじじゅくご》を□から選《えら》び，□に書《か》きましょう。また，その二字熟語《にじじゅくご》を使《つか》って，□に文《ぶん》を作《つく》りましょう。

例《れい》 〈意味《いみ》が対《つい》になる組《く》み合《あ》わせ〉 勝敗

ぼくは勝敗に関わらず，試合を楽しむ。

① 〈似《に》た意味《いみ》の組《く》み合《あ》わせ〉 絵画

(例) わたしは，美術館に絵画を見に行く。

② 〈意味《いみ》が対《つい》になる組《く》み合《あ》わせ〉 明暗

(例) その一球が，チームの明暗を分けた。

勝敗《しょうはい》（意味《いみ》：勝《か》つ・敗《やぶ》れる）　明暗《めいあん》（意味《いみ》：明《あか》るい・暗《くら》い）　絵画《かいが》（意味《いみ》：絵《え》）

103頁

二字熟語《にじじゅくご》を使《つか》った文作《ぶんづく》り ①-(2)

名前

● 〈例《れい》〉のように，〈　〉の組《く》み合《あ》わせにあてはまる二字熟語《にじじゅくご》を□から選《えら》び，□に書《か》きましょう。また，その二字熟語《にじじゅくご》を使《つか》って，□に文《ぶん》を作《つく》りましょう。

例《れい》 〈上《うえ》の漢字《かんじ》が下《した》の漢字《かんじ》を修飾《しゅうしょく》する組《く》み合《あ》わせ〉 山頂

兄は，富士山の山頂に登る。

① 〈「――を」「――に」に当《あ》たる意味《いみ》の漢字《かんじ》が下《した》に来《く》る組《く》み合《あ》わせ〉 読書

(例) わたしのしゅみは，読書です。

② 〈上《うえ》の漢字《かんじ》が下《した》の漢字《かんじ》を修飾《しゅうしょく》する組《く》み合《あ》わせ〉 大声

(例) ぼくは，大声で友だちをよぶ。

読書《どくしょ》（意味《いみ》：書物《しょもつ》を読《よ》む）　山頂《さんちょう》（意味《いみ》：山《やま》の頂《いただき》）　大声《おおごえ》（意味《いみ》：大《おお》きな声《こえ》）

104頁

二字熟語《にじじゅくご》を使《つか》った文作《ぶんづく》り ②

名前

● 次《つぎ》の二字熟語《にじじゅくご》が㋐～㋓のどの組《く》み合《あ》わせにあてはまるか選《えら》び，（　）に記号《きごう》を書《か》きましょう。また，その二字熟語《にじじゅくご》を使《つか》って□に文《ぶん》を作《つく》りましょう。

㋐ 似《に》た意味《いみ》の漢字《かんじ》の組《く》み合《あ》わせ
㋑ 意味《いみ》が対《つい》（あるいは反対《はんたい》）になる漢字《かんじ》の組《く》み合《あ》わせ
㋒ 上《うえ》の漢字《かんじ》が下《した》の漢字《かんじ》を修飾《しゅうしょく》する組《く》み合《あ》わせ
㋓ 「――を」「――に」に当《あ》たる漢字《かんじ》が下《した》に来《く》る組《く》み合《あ》わせ

① 親友《しんゆう》（意味《いみ》：親《した》しい友《とも》だち）（㋒）

山田さんは，ぼくの親友です。

② 強弱《きょうじゃく》（意味《いみ》：強《つよ》い・弱《よわ》い）（㋑）

(例) ぼくは，強弱をつけて歌う。

③ 洗顔《せんがん》（意味《いみ》：顔《かお》を洗《あら》う）（㋓）

(例) 毎朝，洗顔することが日課だ。

105頁

三字熟語《さんじじゅくご》を使《つか》った文作《ぶんづく》り ①

名前

● 〈例《れい》〉のように，次《つぎ》の三字熟語《さんじじゅくご》を構成《こうせい》している語《ご》に分《わ》けて，（　）に書《か》きましょう。また，その三字熟語《さんじじゅくご》を使《つか》って□に文《ぶん》を作《つく》りましょう。

例《れい》 大中小《だいちゅうしょう》↓（大）（中）（小）

箱を大中小に分ける。

① 衣食住《いしょくじゅう》↓（衣）（食）（住）

(例) 衣食住を大切にした生活を送る。

② 大自然《だいしぜん》↓（大）（自然）

(例) 大自然の中で，キャンプを楽しむ。

③ 積極的《せっきょくてき》↓（積極）（的）

(例) ぼくは，積極的に発表する。

106頁

三字熟語《さんじじゅくご》を使《つか》った文作《ぶんづく》り ②

名前

● 〈例《れい》〉のように，〈 〉の意味《いみ》に沿《そ》った三字熟語《さんじじゅくご》になるように，□から言葉《ことば》を選《えら》び（ ）に書《か》きましょう。また，その三字熟語《さんじじゅくご》を使《つか》って□に文《ぶん》を作《つく》りましょう。

〔例《れい》〕（未）解決《かいけつ》〔まだ解決《かいけつ》していないこと／もの〕

けい事が，未解決の事件を追う。

①（不）可能《かのう》〔可能《かのう》でないこと〕

（例）月に行くことは，不可能ではない。

②（無）関係《かんけい》〔関係《かんけい》がないこと〕

（例）その話は，授業とは無関係だ。

③（非）常識《じょうしき》〔常識《じょうしき》がないこと〕

（例）非常識な言動を注意する。

無《む》　不《ふ》　非《ひ》　未《み》

106

107頁

三字熟語《さんじじゅくご》を使《つか》った文作《ぶんづく》り ③

名前

● 〈例《れい》〉のように，□から三字熟語《さんじじゅくご》を自由《じゆう》に選《えら》び，（ ）に書《か》きましょう。また，その三字熟語《さんじじゅくご》を使《つか》って□に文《ぶん》を作《つく》りましょう。

〔例《れい》〕（安全性）

商品の安全性を確かめる。

（例）①（温暖化）

（例）地球の温暖化が進む。

（例）②（未成年）

（例）未成年は，お酒を飲んではいけません。

温暖化《おんだんか》　長時間《ちょうじかん》
安全性《あんぜんせい》　未成年《みせいねん》
不自然《ふしぜん》　無責任《むせきにん》

107

108頁

四字以上《よじいじょう》の熟語《じゅくご》を使《つか》った文作《ぶんづく》り

名前

● 〈例《れい》〉のように，次《つぎ》の四字以上《よじいじょう》の熟語《じゅくご》を構成《こうせい》している語《ご》に分《わ》けて，（ ）に書《か》きましょう。また，その熟語《じゅくご》を使《つか》って□に文《ぶん》を作《つく》りましょう。

〔例《れい》〕春夏秋冬《しゅんかしゅうとう》→（春）（夏）（秋）（冬）

春夏秋冬，半そでで過ごす。

① 都道府県《とどうふけん》→（都）（道）（府）（県）

（例）都道府県の名前を覚える。

② 国語辞典《こくごじてん》→（国語）（辞典）

（例）国語辞典で言葉の意味を調べる。

③ 蒸気機関車《じょうききかんしゃ》→（蒸気）（機関車）

（例）蒸気機関車が山道を走る。

108

109頁

四字熟語《よじじゅくご》を使《つか》った文作《ぶんづく》り ①-(1)

名前

● 次《つぎ》の四字熟語《よじじゅくご》の意味《いみ》にあてはまるものを下《した》から選《えら》び，——線《せん》で結《むす》びましょう。

(1)

① 一期一会《いちごいちえ》
② 一石二鳥《いっせきにちょう》
③ 心機一転《しんきいってん》

(2)

① 起死回生《きしかいせい》
② 十人十色《じゅうにんといろ》
③ 日進月歩《にっしんげっぽ》

何《なに》かをきっかけに心《こころ》がけがすっかり変《か》わること

一生《いっしょう》に一度《いちど》だけの機会《きかい》

一《ひと》つのことをして，二《ふた》つの得《とく》を手《て》にすること

考《かんが》えや好《この》みは人《ひと》によってちがうこと

今《いま》にもだめになりそうな状態《じょうたい》を立《た》て直《なお》すこと

毎日《まいにち》絶《た》え間《ま》なく進歩《しんぽ》すること

109

解答例

本書の解答は，あくまでもひとつの例です。児童に取り組ませる前に，必ず指導される方が問題を解いてください。指導される方の作られた解答をもとに，児童の多様な考えに寄り添って○つけをお願いします。

110頁

四字熟語《よじじゅくご》を使《つか》った文作《ぶんづく》り ①-(2)

名前

● 次《つぎ》の四字熟語の意味《いみ》にあてはまるものを下《した》から選《えら》び、――線《せん》で結《むす》びましょう。

(1)

① 一心同体《いっしんどうたい》 ― 二人《ふたり》以上《いじょう》の人《ひと》が、心《こころ》を一《ひと》つにして結《むす》びつくこと

② 弱肉強食《じゃくにくきょうしょく》 ― 強者《きょうしゃ》が弱者《じゃくしゃ》をえじきにして、栄《さか》えること

③ 起承転結《きしょうてんけつ》 ― 文章《ぶんしょう》や話《はなし》の組《く》み立《た》て方《かた》の順序《じゅんじょ》

(2)

① 四苦八苦《しくはっく》 ― うまくいかずに、苦《くる》しむこと

② 一進一退《いっしんいったい》 ― 進《すす》んだりもどったりすること

③ 適材適所《てきざいてきしょ》 ― その人《ひと》のもつ力《ちから》にふさわしい役割《やくわり》をあたえること

111頁

四字熟語《よじじゅくご》を使《つか》った文作《ぶんづく》り ②-(1)

名前

● 〔例〕《れい》のように、――線《せん》の四字熟語を使って文《ぶん》を作《つく》りましょう。また、下《した》の□の言葉《ことば》を使って、文をつなぎましょう。

〔例〕 六年一組《ろくねんいちくみ》・メンバー・十人十色《じゅうにんといろ》・個性《こせい》・もつ

六年一組のメンバーは、十人十色の個性をもつ。

を　の　は　の

① 仲間《なかま》・一期一会《いちごいちえ》・大切《たいせつ》にする

仲間との一期一会を大切にする。

との　を

② ロボット・日進月歩《にっしんげっぽ》・進化《しんか》する

ロボットは、日進月歩で進化する。

で　は

③ 野球選手《やきゅうせんしゅ》・起死回生《きしかいせい》・ホームラン・打《う》った

野球選手が、起死回生のホームランを打った。

を　が　の

112頁

四字熟語《よじじゅくご》を使《つか》った文作《ぶんづく》り ②-(2)

名前

● ――線《せん》の四字熟語を使って、文《ぶん》を作《つく》りましょう。また、下《した》の□の言葉《ことば》を使って、文をつなぎましょう。

① 心機一転《しんきいってん》・新《あたら》しい家《いえ》・引《ひ》っこす

心機一転、新しい家に引っこす。

に

② 牛乳《ぎゅうにゅう》・飲《の》む・おいしく・栄養《えいよう》がある・一石二鳥《いっせきにちょう》だ

牛乳を飲むと、おいしくて栄養があるので、一石二鳥だ。

を　ので　て　と

③ ぼくたち・音楽《おんがく》の好《この》み・十人十色《じゅうにんといろ》だ

ぼくたちの音楽の好みは、十人十色だ。

は　の

④ 英語《えいご》・話《はな》す力《ちから》・日進月歩《にっしんげっぽ》・成長《せいちょう》する

英語を話す力が、日進月歩で成長する。

が　で　を

113頁

四字熟語《よじじゅくご》を使《つか》った文作《ぶんづく》り ②-(3)

名前

● ――線《せん》の四字熟語を使って、文《ぶん》を作《つく》りましょう。また、下《した》の□の言葉《ことば》を使って、文をつなぎましょう。

① 適材適所《てきざいてきしょ》・クラスの係《かかり》・決《き》める

適材適所で、クラスの係を決める。

を　で

② クラス全員《ぜんいん》・一心同体《いっしんどうたい》・合唱《がっしょう》する

クラス全員が一心同体となり、合唱する。

となり　が

③ 動物《どうぶつ》・世界《せかい》・弱肉強食《じゃくにくきょうしょく》だ

動物の世界は、弱肉強食だ。

の　は

④ 映画《えいが》・起承転結《きしょうてんけつ》・欠《か》かせない

映画には、起承転結が欠かせない。

が　には

114頁

複合語《ふくごうご》を使《つか》った文作《ぶんづく》り ①　名前

●〈例《れい》〉のように、──線《せん》の言葉《ことば》を複合語《ふくごうご》に直《なお》して、文《ぶん》を書《か》きましょう。

〈例〉妹《いもうと》は、ぶどうのジュースが好《す》きだ。

妹は、ぶどうジュースが好きだ。

① 今《いま》から、昼《ひる》の休《やす》みです。

今から、昼休みです。

② わたしは、図書《としょ》の委員《いいん》になった。

わたしは、図書委員になった。

③ 心地《ここち》よい春《はる》の風《かぜ》がふく。

心地よい春風がふく。

114

115頁

複合語《ふくごうご》を使《つか》った文作《ぶんづく》り ②-(1)　名前

●〈例《れい》〉のように、二《ふた》つの言葉《ことば》を組《く》み合《あ》わせて複合語《ふくごうご》を作《つく》り、（　）に書《か》きましょう。また、その複合語《ふくごうご》を使《つか》って□に文《ぶん》を作《つく》りましょう。

〈例〉見《み》る＋送《おく》る→（見送る）

友だちを駅まで見送る。

① 走《はし》る＋回《まわ》る→（走り回る）

(例) 犬が、大草原を走り回る。

② 夏《なつ》＋休《やす》み→（夏休み）

(例) 夏休みに友だちと海へ行く。

③ 雪《ゆき》＋合戦《かっせん》→（雪合戦）

(例) 雪が積もったので、雪合戦をする。

115

116頁

複合語《ふくごうご》を使《つか》った文作《ぶんづく》り ②-(2)　名前

●〈例《れい》〉のように、複合語《ふくごうご》を二《ふた》つの言葉《ことば》に分《わ》けて（　）に書《か》きましょう。また、その複合語《ふくごうご》を使《つか》って□に文《ぶん》を作《つく》りましょう。

〈例〉カレーライス→（カレー）＋ライス

ぼくは、カレーライスを食べる。

① 赤信号《あかしんごう》→（赤）＋信号《しんごう》

(例) 赤信号は、わたってはいけません。

② サッカー選手《せんしゅ》→（サッカー）＋選手《せんしゅ》

(例) ぼくの夢は、サッカー選手になることだ。

③ 新商品《しんしょうひん》→（新）＋商品《しょうひん》

(例) 新商品のおかしが発売される。

116

117頁

外来語《がいらいご》を使《つか》った文作《ぶんづく》り　名前

●〈例《れい》〉のように、──線《せん》の言葉《ことば》と同《おな》じ意味《いみ》の外来語《がいらいご》を□から選《えら》んで、（　）に書《か》きましょう。また、（　）の言葉《ことば》を使《つか》って文《ぶん》を作《つく》りましょう。

〈例〉わたし・さじ・プリン・食《た》べる

（スプーン）

わたしは、スプーンでプリンを食べる。

① 母《はは》・台所《だいどころ》・夕食《ゆうしょく》・作《つく》っている

（キッチン）

母は、キッチンで夕食を作っている。

② 友《とも》だち・おくり物《もの》・もらった

（プレゼント）

友だちからプレゼントをもらった。

キッチン　プレゼント　スプーン

117

解答例

本書の解答は，あくまでもひとつの例です。児童に取り組ませる前に，必ず指導される方が問題を解いてください。指導される方の作られた解答をもとに，児童の多様な考えに寄り添って○つけをお願いします。

118頁

場面《ばめん》の絵《え》と漢字《かんじ》を使《つか》った文作《ぶんづく》り ①

名前

● イラストを参考《さんこう》に、□の言葉《ことば》を使《つか》って文《ぶん》を作《つく》りましょう。
（——線《せん》の漢字《かんじ》は、五年生《ごねんせい》で習《なら》った漢字《かんじ》です。）

① 久《ひさ》しぶり　再会《さいかい》

② 墓場《はかば》　迷《まよ》う

③ 気象予報士《きしょうよほうし》　暴風雨《ぼうふうう》

④ 夢《ゆめ》　現《あらわ》れる

① 久しぶりに友だちと再会する。

②（例）わたしは、墓場に迷いこんだ。

③（例）気象予報士が、暴風雨を知らせる。

④（例）夢にお化けが現れた。

119頁

場面《ばめん》の絵《え》と漢字《かんじ》を使《つか》った文作《ぶんづく》り ②

名前

● イラストを参考《さんこう》に、□の言葉《ことば》を使《つか》って文《ぶん》を作《つく》りましょう。
（——線《せん》の漢字《かんじ》は、五年生《ごねんせい》で習《なら》った漢字《かんじ》です。）

① 正義《せいぎ》　救《すく》う

② 資《し》げん　豊富《ほうふ》

③ 象《ぞう》　飼育《しいく》

④ 武士《ぶし》　領土《りょうど》

① 正義の味方が、みんなを救う。

②（例）この国には、資げんが豊富にある。

③（例）動物園で象の飼育をする。

④（例）武士が領土を広げる。

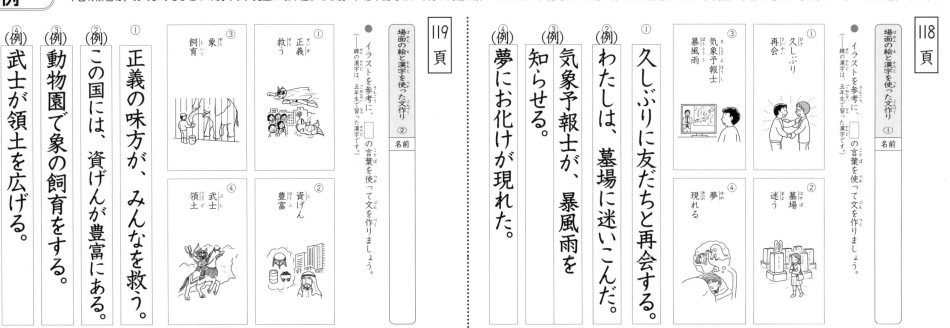

喜楽研の支援教育シリーズ
もっと　ゆっくり　ていねいに学べる
個別指導に最適
作文ワーク　基礎編　6-①「読む･写す･書く」
光村図書・東京書籍・教育出版の
教科書教材より抜粋

2023 年 4 月 2 日

イ　ラ　ス　ト：山口　亜耶・日向　博子・白川　えみ　他
表紙イラスト：鹿川　美佳
表紙デザイン：エガオデザイン
企 画 ・ 編 著：原田　善造・あおい　えむ・堀越　じゅん・今井　はじめ・さくら　りこ
中　あみ・中　えみ・中田　こういち・なむら　じゅん・はせ　みう
ほしの　ひかり・みやま　りょう（他４名）
編 集 担 当：田上　優衣

発　　行　　者：岸本　なおこ
発　　行　　所：喜楽研（わかる喜び学ぶ楽しさを創造する教育研究所：略称）
〒604-0827　京都府京都市中京区高倉通二条下ル瓦町 543-1
TEL　075-213-7701　　FAX　075-213-7706　　HP　https://www.kirakuken.co.jp
印　　　　　刷：株式会社米谷

ISBN : 978-4-86277-443-9

Printed in Japan